Kochen für die schlanke Linie

Runter mit den Pfunden

von
Marie-Theres Wiener

BASSERMANN

Inhalt

Die Abkürzungen in diesem Buch:

EL	=	Esslöffel
TL	=	Teelöffel
g	=	Gramm
kg	=	Kilogramm
l	=	Liter
ml	=	Milliliter
Msp.	=	Messerspitze
Bd.	=	Bund
P.	=	Päckchen
TK...	=	Tiefkühl...
°C	=	Grad Celsius
%	=	Prozent
kcal	=	Kilokalorien
kJ	=	Kilojoule
KH	=	Kohlenhydrate
EW	=	Eiweiß
F	=	Fett
B	=	Ballaststoffe

Die Rezepte in diesem Buch sind für 2 Portionen berechnet, wenn nichts anderes vermerkt ist.

Schlank & schön, gesund & lebensfroh

Die meisten Menschen in unserem Land sind mit ihrer Figur nicht zufrieden; sie fühlen sich zu dick und möchten gern schlank werden. Menschen, die mehr wiegen als dem Wohlfühlgewicht entspricht, nehmen mehr Energie (= Nahrung) auf als ihr Körper benötigt. Diese überschüssige Energie wird in Fett und Fettgewebe umgewandelt. Nun könnte man ja jedem übergewichtigen Menschen sagen: „Iss doch weniger!" Aber so einfach ist das gar nicht. Wer kennt ihn nicht, den Heißhunger auf ein Stück Sahnetorte, auf Fleischwurstbrötchen, Pralinen oder Schweinebraten mit Knödeln.
Will der Mensch nur seinen Hunger stillen, dann könnte er stattdessen auch ein Stück Vollkornbrot, eine Möhre, ein Stück Obst oder ein Glas fettarme Milch zu sich nehmen. Aber die Natur hat uns mit Geschmacksknospen auf der Zunge ausgestattet, die uns ein wohliges Gefühl beim Genuss unserer Lieblingsspeisen bescheren. Dieses Gefühl löst bei dem einen etwas Süßes, bei einem anderen etwas Salziges aus. Aber es gibt auch Menschen, die über Jahrzehnte ihr Gewicht halten, schlank und lebensfroh durch den Tag gehen, während andere nur vom schlanken Körper träumen und ihre überflüssigen Pfunde jahrelang mit sich herumtragen. Wie oben erwähnt, stimmt bei Übergewichtigen die Energiebilanz nicht. So wie der Mensch schreiben und rechnen erlernen muss, muss er auch lernen, sich richtig zu ernähren. Wer über Jahre täglich schon bis zum Mittag zwei oder gar drei Wurst- und Käsebrötchen verzehren muss, sich mittags den Teller randvoll schaufelt, nachmittags auf das Stück Kuchen nicht verzichten kann und abends noch einmal kräftig zulangt, braucht schon eine gehörige Portion Selbstdisziplin, um seine Essgewohnheiten zu ändern.

Dieses Buch ist sowohl für Menschen gedacht, die zwei oder drei Kilogramm abnehmen möchten, weil Rock- und Hosenbund kneifen, aber auch für all jene, die zu viele Kilogramm mit sich herumschleppen. Hohes Übergewicht ist nicht nur lästig, es wird darüber hinaus für zahlreiche Erkrankungen verantwortlich gemacht:
Fettleibige leiden sehr oft an Stoffwechselerkrankungen wie Diabetes und Fettstoffwechselstörungen, sie bekommen viel häufiger Herz- und Kreislauferkrankungen, auch Herzinfarkt und Bluthochdruck werden bei Übergewichtigen viel öfter attestiert als bei schlanken Menschen. Besonders schwere Menschen leiden außerdem an Abnutzungserscheinungen der Wirbelsäule, der Hüfte und des Knies.
Sie finden in diesem Buch feine Frühstücksideen, köstliche Kleinigkeiten als Zwischenmahlzeiten für vormittags und nachmittags, vitaminreiche Salate, leichte Gerichte mit Fleisch und Fisch. Das fünfte Kapitel enthält raffinierte vegetarische Gerichte, und als Dessert tischen wir Ihnen leichte Süßspeisen auf.
Jedem Rezept sind die Kalorien und die Nähr- und Ballaststoffe vorangestellt. Suchen Sie sich entsprechend der Kalorien, die Sie täglich zu sich nehmen sollen (siehe Seite 14), vier bis fünf Gerichte aus. Ernähren Sie sich abwechslungsreich und lassen Sie keine Mahlzeit aus. Unsere Schlankmacher-Gerichte machen es Ihnen leicht, Ihr überflüssiges Gewicht zu verlieren. Die Rezepte sind vielfach erprobt, leicht nachzukochen und zeigen Ihnen, dass eine ausgewogene Schlankheitskost schmackhaft und sättigend sein kann.
Wie viele Kilogramm wollen Sie verlieren? Nehmen Sie sich etwas Zeit für Ihr großes Vorhaben. Mit unserer Schlankheitskost werden Sie in sechs Monaten ganz sicher weniger Pfunde auf die Waage bringen als heute. Und Sie werden sich beweglicher und jünger fühlen.
Wir wünschen Ihnen viel Erfolg!

Schlankheitskost – warum?

Wer sein Körpergewicht reduzieren will, muss seine Ernährung umstellen und eine Diät machen. Das Wort stammt aus dem Griechischen und bedeutet so viel wie „Lebensweise“. Eine Diät ist demnach eine Ernährungsform, die einer bestimmten Lebensweise entspricht, also beispielsweise fettarm, fleischarm oder kalorienreduziert ist.
Die meisten Menschen wollen abnehmen, weil sie einem Schlankheitsbild entsprechen wollen, wie es ihnen von jungen Schauspielerinnen und Models gezeigt wird. In der Regel handelt es sich bei diesen Frauen mehr um magersüchtige, als um schlanke Erscheinungen, die sehr oft große Entbehrungen und Strapazen in Kauf nehmen, um ihre „Traumfigur“ zu erreichen und zu erhalten. Jeder Mensch hat ein Gewicht, bei dem er sich besonders wohl fühlt, und dieses Wohlfühlgewicht sollte jeder für sich anstreben.

Wunderdiäten gibt es nicht

Eine Schlankheitskost hat nichts gemein mit den zahlreich angepriesenen Wunderdiäten, bei denen Sie sich nur von Kartoffeln oder Eiern oder Fleisch oder Brot oder Zitronensaft ernähren dürfen. Sicherlich schmelzen bei einer solchen Ernährung die Pfunde. In der Regel verlieren Sie in den ersten Tagen einer solchen Diät fast ausschließlich Wasser. Die Fettdepots werden erst nach einigen Tagen konsequenter Kalorienreduzierung angegriffen. Einseitige Diäten versorgen Ihren Körper nicht mit den notwendigen Nährstoffen und führen Sie nicht zu einer gesunden Ernährungsform hin, Ernährungsfehler werden beibehalten. Deshalb werden alle einseitigen Diäten von Medizinern und Ernährungswissenschaftlern abgelehnt.
Bedenken Sie, dass Sie rund 7000 Kilokalorien einsparen müssen, um 1 Kilogramm abzunehmen. Wunderdiäten, die Ihnen eine Gewichtsabnahme von 3 Kilogramm in 3 Tagen versprechen, sind unseriös. Selbst wenn ein Mensch gar keine Nahrung zu sich nimmt, beispielsweise während einer Nulldiät, nimmt er am Tag nur 300 bis 400 Gramm ab.

Der Jo-Jo-Effekt

Das werden Sie sicherlich auch schon erlebt haben: Nach einer einseitigen Blitzdiät zeigt Ihre Waage einige Pfunde oder gar Kilos weniger an. Aber bereits nach wenigen Tagen, wenn Sie sich wieder wie früher ernähren, sind die Kilos wieder da, ja meistens nehmen Sie sogar noch ein paar Pfund zu.
Dieser Jo-Jo-Effekt lässt sich folgendermaßen erklären: In Zeiten verminderter Nahrungszufuhr (beispielsweise in Hungersnöten) schaltet der Körper auf Sparflamme und funktioniert trotzdem. Eine kalorienreduzierte Diät stellt für die Zellen eine Hungersnot dar; sie arbeiten auf Sparflamme. Wenn Sie nach einer Schlankheitsdiät von einem zum anderen Tag wieder Ihre alten Essgewohnheiten aufnehmen, lassen Sie Ihren Zellen keine Zeit, sich umzugewöhnen. Immer noch arbeiten sie auf Sparflamme, und die überschüssige Energie setzt sich in den Fettzellen fest.
Deshalb der wichtige Rat der Ernährungswissenschaftler an alle Übergewichtigen: Verringern Sie Ihr Gewicht durch eine sinnvolle Diät, die solange durchgehalten werden sollte, bis Sie Ihr Wohlfühlgewicht erreicht haben. Wenn Sie sich dann vollwertig ernähren, für regelmäßige Bewegung sorgen und nicht zu viel essen, brauchen Sie sich keine Gedanken um Ihre Figur zu machen.

Das Wohlfühlgewicht

Ob und wie viel Sie abnehmen müssen, können Sie sich leicht selber ausrechnen. Mithilfe des Body Mass Index (BMI) lässt sich Ihr Wohlfühlgewicht leicht bestimmen.
Das ist die Formel:
Gewicht in Kilogramm dividiert durch Ihre Größe in Quadratmetern.
Rechenbeispiele:
72 Kilogramm: 1,60 x 1,60 Meter (= 2,56) = BMI 28 (= Übergewicht)
55 Kilogramm: 1,60 x 1,60 Meter (= 2,56) = BMI 21 (= Wohlfühlgewicht für junge und ältere Frauen und für junge Männer)
Das Wohlfühlgewicht für 16 bis 19 Jahre alte Frauen liegt zwischen 20 und 22 BMI, für junge Männer zwischen 21 und 23 BMI.
Das Wohlfühlgewicht für 20 bis 75 Jahre alte Frauen liegt zwischen 21 und 23 BMI, für Männer zwischen 23 und 25 BMI.
Wer für sich einen BMI von über 30 errechnet hat, sollte dringend eine Reduktionsdiät machen, sowohl aus gesundheitlichen als auch aus ästhetischen Gründen.

Ein 10-Punkte-Programm erleichtert das Abnehmen

1. Berechnen Sie Ihren Body Mass Index (siehe S. 6) und legen Sie fest, wie viel Sie abnehmen wollen, um Ihr Wohlfühlgewicht zu erreichen.
2. Schreiben Sie auf, warum Sie zugenommen haben. Suchen Sie nach den Gründen und versuchen Sie, diese auszuschalten (Stress, Unzufriedenheit, Langeweile).
3. Setzen Sie sich ein Ziel, beispielsweise 4 Kilogramm in 8 Wochen.
4. Sagen Sie jeden Morgen zu Ihrem Spiegelbild: Heute, am 5. März (Beispiel) habe ich 4 Kilogramm abgenommen.
5. Schreiben Sie auf, was Sie täglich gegessen und getrunken haben.
6. Sagen Sie allen Freunden und Bekannten, dass Sie eine Diät machen. Dann wird Sie niemand zu einer Bratwurst oder einem Eisbecher verführen.
7. Gehen Sie nie hungrig einkaufen; verbannen Sie Alkohol, Süßwaren und alle hochkalorischen Nahrungsmittel aus Ihrer Küche (siehe Kalorientabelle auf den Seiten ...).
8. Verzehren Sie täglich 4 bis 5 Mahlzeiten an einem hübsch gedeckten Essplatz. Kauen Sie lange und gründlich.
9. Bewegen Sie sich mindestens 3 Stunden pro Woche intensiv (Schwimmen, Tanzen, Rad fahren, Jogging, Gymnastik, Wandern).
10. Belohnen Sie sich, wenn das gesteckte Ziel erreicht worden ist. Zum Beispiel mit einer neuen Bluse, einer neuen Frisur oder einem Theaterbesuch.

Achtung: Diät!

Besonders bei jungen Frauen, aber inzwischen auch bei jungen Männern, beobachten wir – ausgelöst durch extreme Diäten und ein ungesundes Schlankheitsideal – Essstörungen. Die Bulimie, die Ess-Brech-Sucht, ist heute eine häufige Erkrankung bei jungen Frauen. Obwohl sie normalgewichtig sind, fühlen sie sich plötzlich zu dick. Tagen mit Nahrungsverweigerung folgen Essattacken, wobei bis zu 4 Kilogramm Nahrung verschlungen werden. Anschließend wird die Nahrung erbrochen – und diese Prozedur – Essen und Erbrechen – kann durchaus mehr als fünfmal am Tag passieren. Dieses den Körper stark schädigende Essverhalten wird irgendwann zur Sucht, und nur eine psychologische Behandlung kann dem Betroffenen noch helfen.
Deshalb: Legen Sie am besten zusammen mit Ihrem Arzt ein Gewicht fest, das Sie nicht unterschreiten sollten.

Wie sieht eine gesunde Ernährung aus?

Damit alle Funktionen Ihres Körpers richtig funktionieren, müssen Sie täglich eine bestimmte Menge an Nahrung zu sich nehmen. Diese sollte so abwechslungsreich wie möglich sein: Obst und Gemüse, Fleisch, Fisch und Eier, Milch und Milchprodukte, Getreide, Reis, Nudeln, Kartoffeln. Bei leichter Tätigkeit benötigen Frauen ab 25 Jahren täglich etwa 2000 Kilokalorien (8400 Kilojoule), Männer etwa 2400 Kilokalorien (10.080 Kilojoule). Menschen ab dem 50. Lebensjahr sollten etwa 200 Kilokalorien (840 Kilojoule) weniger aufnehmen.
Die Hauptnährstoffe sind Eiweiß, Kohlenhydrate und Fett, hinzu kommen Ballaststoffe, Vitamine, Mineralstoffe und Spurenelemente.

Eiweiß
Eiweiß kommt sowohl in tierischen wie in pflanzlichen Nahrungsmitteln vor: Milch und Milchprodukte, Eier, Fleisch, Fisch, Hülsenfrüchte und Getreide. Wir benötigen Eiweiß zum Aufbau der Körpersubstanz. Die Deutsche Gesellschaft für Ernährung empfiehlt eine Ernährung mit täglich 10 bis 12 Prozent Eiweiß.
1 Gramm Eiweiß liefert 4,1 Kilokalorien (17,2 Kilojoule).
Folgende Kombinationen sind für die Eiweißversorgung besonders günstig, wenn auf Fleisch und Fisch verzichtet wird:

- Kartoffeln mit Ei (Kartoffelsalat oder Bratkartoffeln mit Ei)
- Getreide mit Ei (Eibrot, Nudeln oder Reis mit Ei)
- Getreide mit Milch (Milchreis, Nudeln mit Käse)
- Getreide mit Nüssen (Nussbrot, Reis mit Mandeln)
- Hülsenfrüchte mit Ei (weißer Bohnensalat mit Ei)
- Hülsenfrüchte mit Getreide (Linsensuppe mit Brot)

Kohlenhydrate
Pflanzliche Nahrungsmittel sind die wichtigsten Kohlenhydratträger. Stärkehaltige Produkte wie Kartoffeln, Getreide und Getreideprodukte (z. B. Nudeln) hinterlassen nach dem Essen ein angenehmes Sättigungsgefühl.
Beim Verzehr von schnell zu verdauenden Kohlenhydraten, den Zuckern, sind wir schnell satt, aber das Hungergefühl

stellt sich ebenso rasch wieder ein. Kohlenhydrate wie Zucker sind aber auch Vitamin-B-Räuber. Wer täglich Vollkornprodukte verzehrt, deckt damit einen großen Teil des Vitamin-B-Tagesbedarfs. Wer dagegen mehr auf Schokoriegel, Limonade, Eiscreme, Kuchen und Torten „steht", liefert seinem Körper nur wenige Vitamine, dafür umso mehr Kalorien, und darf sich nicht wundern, wenn er immer dicker wird.
Der Anteil der Kohlenhydrate an unserer täglichen Ernährung – so empfiehlt die Deutsche Gesellschaft für Ernährung – soll 50 bis 55 Prozent betragen. 1 Gramm Kohlenhydrat liefert 4,1 Kilokalorien (17,2 Kilojoule).

Fett

Fett ist ein Geschmacksträger. Das heißt alle Nahrungsmittel – ob roh oder gekocht – schmecken besser, wenn sie Fett enthalten: Getreide, Getreideprodukte und Gemüse mit Butter oder Sahne, Salat und Rohkost mit Öl, Obst mit Schlagsahne. Darüber hinaus sorgt das Fett dafür, dass dem menschlichen Organismus die fettlöslichen Vitamine A, D, E und K aufgeschlossen werden. Fett ist nicht nur ein Vitaminlieferant, sondern auch für alle Lebensfunktionen wie Stoffwechsel, Muskel- und Organtätigkeit sowie zur Aufrechterhaltung der Körpertemperatur unerlässlich.
Die im Fett enthaltenen Fettsäuren werden unterschieden zwischen gesättigten und ungesättigten Fettsäuren. Die mehrfach ungesättigten Fettsäuren haben große Bedeutung für den Stoffwechsel. Sie sind lebensnotwendig, aber der Körper kann diese (essentiellen) Fettsäuren nicht selbst bilden, sie müssen ihm zugeführt werden. Kaltgepresste Pflanzenöle wie Leinöl, Sonnenblumenöl, Sojaöl und Keimöl weisen besonders viele essentielle Fettsäuren auf. Günstig für Ihre Ernährung sind auch Olivenöl und Rapsöl; sie weisen einen hohen Anteil an einfach ungesättigten Fettsäuren auf. Einfach ungesättigte Fettsäuren haben keinen Einfluss auf den Cholesterinspiegel.
Weil kaltgepresste Öle leicht ranzig werden, sollten Sie stets nur kleine Mengen kaufen und dunkel aufbewahren. Vermeiden Sie dagegen alle raffinierten Öle, gehärtete Pflanzenfette und Kunstspeisefette; sie enthalten keine essentiellen Fettsäuren.
Die Deutsche Gesellschaft für Ernährung empfiehlt, nicht mehr als 25 bis 30 Prozent der täglich aufgenommenen Energie durch Fette zu decken. Diese Menge entspricht etwa 5 bis 6 Esslöffeln Fett insgesamt bei einem Bedarf von knapp 2000 Kilokalorien pro Tag. Dabei ist zu berücksichtigen, dass Fleisch, Wurst, Käse, Milch und Milchprodukte sowie Nüsse und Samen, aber auch Süßwaren, Kuchen und Torten so genannte „versteckte" Fette enthalten. Fett liefert die meisten Kalorien, nämlich pro Gramm Fett 9,3 Kilokalorien (39 Kilojoule).
An dieser Stelle soll auch der Alkohol erwähnt werden. Er liefert keine Nährstoffe, aber dafür pro Gramm Alkohol 7,1 Kilokalorien (30 Kilojoule). Er wird für das Übergewicht zahlreicher Menschen verantwortlich gemacht.

Vitamine

Man unterscheidet zwischen den fettlöslichen Vitaminen A, D, E und K sowie den wasserlöslichen Vitaminen des B-Komplexes und dem Vitamin C.

Fettlösliche Vitamine

Die Vitamine A, D, E und K kann der Organismus nur nutzen, wenn sie zusammen mit Fett (Butter, Öl, Milch) verzehrt werden. Gemüse also stets mit Butter oder Öl verfeinern, Rohkost nie ohne Öl essen.
Vitamin A ist für die Haut und Schleimhäute sowie für gutes Sehen unerlässlich. Beta-Karotin, eine Vorstufe des

Vitamin A, besitzt eine antioxidative Wirkung gegen zellschädigende Sauerstoffverbindungen. Es ist enthalten in Leber, Butter, Margarine, tiefgelben bis orangeroten Früchten (Paprika, Aprikosen, Karotten) und dunkelgrünem Blattgemüse (Spinat, Grünkohl, Brokkoli), Käse und Eigelb.
Vitamin D reguliert den Kalzium- sowie den Phosphat-Stoffwechsel und besitzt eine große Bedeutung für die Knochen- und Zahnbildung. Nur unter Einwirkung von Sonnenlicht wird das Vitamin im Körper selbst gebildet. Ansonsten muss es von außen zugeführt werden. Vitamin D ist in Leber, Lebertran, Fisch, Vollmilch, Butter, Eiern und Margarine enthalten.
Vitamin E schützt Zellen und Gewebe. Es findet sich in Getreidekeimen, Keimölen, Sonnenblumenöl, Haferflocken, Weizen, Mais, Nüssen und in Eiern.
Vitamin K ist verantwortlich für die Blutgerinnung. Grüngemüse, alle Kohlsorten, Sauerkraut, Vollkornprodukte, Milch und Milchprodukte, Fleisch und Kartoffeln enthalten dieses Vitamin.

Wasserlösliche Vitamine

Mit den wasserlöslichen Vitaminen müssen wir vorsichtig umgehen. Deshalb sollten Sie Obst und Gemüse nie lange zum Waschen im Wasser liegen lassen, die Ware am besten sofort nach dem Kauf zubereiten und verzehren.
Vitamin B ist wichtig für den gesamten Stoffwechsel, das Nervensystem, die Bildung roter Blutkörperchen. Vitamin B_{12} finden wir nur in tierischen Produkten wie Ei, Milch und Milchprodukten sowie in Fleisch und Innereien. Die Vitamine B_1, B_2 und B_6 sind enthalten in Vollkornprodukten, Getreidekeimen, Hülsenfrüchten, Gemüse, Kartoffeln, Fleisch, Fisch, Milch, Käse, Eigelb und in Bierhefe.
Niacin sorgt für die Verwertung von Fetten, Eiweißen und Kohlenhydraten und ist wichtig für das Funktionieren des Nervensystems und der Haut. Es ist enthalten in Vollkorngetreide, Hülsenfrüchten, Nüssen, Milch, Eiern, Bierhefe, Fleisch, Leber und Fisch.
Die Folsäure ist maßgeblich an der Zellteilung und Zellneubildung beteiligt. Wir finden sie in Vollkorngetreide, Getreidekeimlingen, Sojabohnen, grünem Gemüse, Milch, Milchprodukten, Eiern, Leber und Fleisch.
Pantothensäure ist für den ganzen Stoffwechsel verantwortlich. Wir finden dieses Vitamin in Vollkorngetreide, Hülsenfrüchten, Eiern, Fleisch, Fisch, Milch und Milchprodukten.
Biotin ist wichtig für Haut, Haare und Fingernägel sowie für den Stoffwechsel. Es ist enthalten in Sojabohnen, Nüssen, Leber, Nieren, Eigelben, Haferflocken und Möhren.
Vitamin C besitzt vielfältige Aufgaben im menschlichen Körper. Es stärkt und mobilisiert die Abwehrkräfte und verbessert die Eisenverwertung. Es findet sich vor allem in Paprikaschoten, grünem Gemüse, Salaten, Kohlgemüse, Kräutern, in Hagebutten, in Beeren, Sanddorn, Kiwis, schwarzen Johannisbeeren, Meerrettich, Zitrusfrüchten und in Kartoffeln.

Mineralstoffe und Spurenelemente

Mineralstoffe und Spurenelemente sind keine Energielieferanten und Wärmespender. Es sind anorganische Baustoffe, die über die Nahrung in den menschlichen Organismus gelangen und dort lebenswichtige Aufgaben erfüllen.
Eisen ist wichtig für die Blutbildung. Es ist enthalten in Vollkorngetreide, Hülsenfrüchten, Gemüse, Fleisch und Innereien.
Kalzium sorgt für feste Knochen und Zähne und ist wichtig für die Funktion von Nerven und Muskeln. Es ist enthalten in Milch und Milchprodukten sowie Hülsenfrüchten, Vollkornbrot, Nüssen, Obst, Grüngemüse und Fisch.
Kalium und Natrium regulieren den Wasserhaushalt im Körper. Sie sind enthalten in Kochsalz (Natrium), Vollkorngetreide, Reis, Kartoffeln, Hülsenfrüchten, Trockenfrüchten, Obst und Gemüse (Kalium).
Magnesium ist aktiv am Stoffwechsel beteiligt und darüber hinaus wichtig für das Zusammenspiel von Nerven und Muskeln. Es ist enthalten in Vollkorngetreide, Hülsenfrüchten, Kartoffeln, Gemüse, Beeren, Obst, Milch und Milchprodukten sowie in Fisch.
Phosphor ist am Stoffwechsel beteiligt und wichtig für Knochen und Zähne. Es ist in allen Lebensmitteln enthalten.
Jod ist wichtig für die Funktion der Schilddrüse. Es ist enthalten in Seefischen, Innereien, Milch, Eiern und jodiertem Speisesalz.
Selen und Zink beeinflussen unser Immunsystem positiv und sorgen für eine gesunde Hautfunktion. Diese Spurenelemente sind enthalten in Fleisch, Fischen und Meeresfrüchten, in Innereien, Milchprodukten, Getreide und Gemüse je nach Bodenbeschaffenheit.
Der tägliche Bedarf an Mineralstoffen und Spurenelementen liegt im Milligramm- bzw. im Mikrogramm-Bereich für Jod und Selen.

Ballaststoffe

Nur in pflanzlichen Nahrungsmitteln finden wir Ballaststoffe. Obwohl sie vom Körper nicht verdaut werden, erfüllen sie als Füll- und Quellstoffe eine wichtige Aufgabe. Sie fördern die Darmtätigkeit und wirken so einer Darmträgheit und Verstopfung entgegen. Der tägliche Bedarf von Ballaststoffen liegt bei 30 Gramm.

Gesund & schlank durch Vollwertkost

Wenn Sie Ihr Wohlfühlgewicht erreicht haben und behalten wollen, sollten Sie Ihr Essverhalten umstellen: Vollwert heißt die Alternative. Wer sich vollwertig ernährt, kann sich täglich satt essen und nimmt trotzdem nicht zu.
Zu einer vollwertigen Ernährung gehört ein täglich wechselnder Speisezettel mit frischen Produkten, wie:

- Getreide und Getreideprodukte (Vollkornzubereitungen, frisch und gegart)
- Obst und Gemüse als Frischkost
- Milch und Milchprodukte
- Hülsenfrüchte
- Kartoffeln
- Nüsse und Samen
- Sprossen und Keime
- Gewürze und frische Kräuter
- Butter, ungehärtete Pflanzenmargarine
- kaltgepresste, unraffinierte Öle
- Mineralwässer, Früchte- und Kräutertees, frisch gepresste Obst- und Gemüsesäfte.

Einen Teil des Tagesbedarfs an Nahrung sollten Sie frisch, also nicht erhitzt, zu sich nehmen. Beispielsweise morgens einen Frischkornbrei oder ein Müsli aus Getreideflocken mit Milch und frischen Früchten, Honig und Nüssen, mittags oder abends Rohkost oder Salat. Der übrige Teil der täglichen Nahrung sollte aus erhitzter Kost, nämlich kurz gedünstetem Obst oder Gemüse mit gekochtem Getreide, Kartoffeln oder Vollkornnudeln bestehen. Zweimal in der Woche können Sie mageres Fleisch und/oder Fisch zu sich nehmen. In der Woche sind 4 Eier erlaubt.
Wenn Sie morgens keine Zeit oder Lust auf Müsli oder Getreidebrei haben, dann nehmen Sie sich Ihr Frühstück mit an den Arbeitsplatz. Wenn Sie keine Möglichkeit haben, mittags ein vollwertiges Essen zu bekommen, dann bringen Sie sich von zu Hause Vollkornbrote oder -brötchen mit. Als Belag eignen sich Butter oder ungehärtete Pflanzenmargarine, Käse, magerer Aufschnitt wie Putenbrust, Gemüsesülze, Roastbeef, kalter Braten, dazu frisches Obst oder Gemüse und ein Glas Milch oder Buttermilch. Abends haben Sie Zeit für einen Gemüseauflauf, eine Linsensuppe oder Getreidebratlinge. Morgens und nachmittags verzehren Sie als Zwischenmahlzeit Obst, rohes Gemüse, Vollkornkekse oder Joghurt, geeignet sind auch Milch, Obst- und Gemüsesäfte.

Vollwert heißt Bio – logisch!

Das oberste Gebot der vollwertigen Ernährung lautet: nur frische Produkte verzehren. Qualität geht vor Quantität! Alle Nahrungsmittel sollen so frisch wie möglich sein. Vermeiden Sie Treibhausware! Kaufen Sie Obst und Gemüse der Jahreszeit entsprechend und am besten direkt beim Erzeuger.
Versprechungen auf Lebensmittelverpackungen wie „Bio", „natürlich", „vollwertig" usw. besagen nichts. Achten Sie auf folgende Bezeichnungen für Produkte aus dem ökologischen kontrollierten Landbau: Anog, Bioland, Biokreis Ostbayern, Bundesverband ökologischer Weinbau, Demeter, Naturland, neuform, Ökosiegel, GAÄ. Fleisch und Eier sollen aus artgerechter Tierhaltung stammen.

Darauf sollten Sie verzichten

Auch wenn bei uns kein Lebensmittel giftig ist, so finden wir doch auf dem Markt Produkte, die chemisch verändert und leer sind, d.h., sie enthalten kaum noch Vitamine und Mineralstoffe bezogen auf ihren Kaloriengehalt.
Vermeiden Sie:

- weiße Mehle und daraus hergestellte Waren wie Brote und Gebäck, Nudeln
- alle Fleisch-, Fisch-, Obst- und Gemüsekonserven
- Schmelzkäse, Kondensmilch
- fette Wurst und fetten Käse
- fettes Fleisch
- Fruchtnektare, Fruchtsaftgetränke mit Zucker
- Limonaden, Cola, Instantgetränke
- Branntweinessig, fertige Salatsaucen
- Genussmittel wie Kaffee, schwarzen und aromatisierten Tee, Wein, Bier, Spirituosen
- alle Süßwaren.

Damit Ihre Diät ein Erfolg wird

- Überlegen Sie, wie viele Kilokalorien Sie täglich während Ihrer Diät aufnehmen wollen, und suchen Sie sich die entsprechenden Rezepte für 4 bis 5 Mahlzeiten (morgens, mittags, abends und 2 Zwischenmahlzeiten) aus diesem Buch aus.

- Achten Sie jetzt besonders auf eine ausgewogene Ernährung, die alle lebenswichtigen Vitamine, Mineralstoffe, Spurenelemente und Ballaststoffe enthält.

- Wer stark übergewichtig ist, sollte vor der Diät einen Arzt aufsuchen und mit ihm über seine Diät sprechen.
- Schreiben Sie auf, was Sie die nächsten Tage essen wollen und kaufen Sie nur diese Produkte ein.
- Verlangen Sie von Ihrem Körper keine Gewaltkur. Wer in 1 Woche 500 Gramm abnimmt, braucht nie zu hungern und verliert trotzdem innerhalb von 3 Monaten ungefähr 6 Kilogramm. Um dieses Ziel zu erreichen, müssen Sie täglich ungefähr 500 Kilokalorien (2100 Kilojoule) einsparen.
- Lassen Sie keine Mahlzeit aus.
- Reduzieren Sie während Ihrer Schlankheitsdiät das Fett.
- Kaufen Sie nur fettarme Milch und Milchprodukte.
- Kaufen Sie nur fettarmen Käse (30 Prozent Fett i. Tr.), fettarmen Aufschnitt (Lachsschinken, deutsches Corned Beef, Corned Turkey, Geflügelwurst, Gemüsesülzen, Braten ohne Fettrand) und fettarmes Fleisch.
- Trinken Sie täglich mindestens 2 Liter Mineralwasser, Früchte- oder Kräutertee, verdünnte Obst- und Gemüsesäfte.
- Schmecken Sie alle Speisen statt mit Salz mit Gewürzen und frischen Kräutern ab.
- Bereiten Sie die Nahrungsmittel schonend über Dampf, in Folie oder im Tontopf, in wenig Wasser oder auf dem Grill zu.
- Essen Sie Vollkornprodukte, also Nudeln und Backwaren aller Art aus Vollkornmehl und ungeschältem Reis. Er ist nährstoffreicher als geschälter und polierter Reis.
- Essen Sie mehr Kartoffeln, Hülsenfrüchte und Getreide wie Dinkel, Grünkern, Hirse, Hafer, Weizen, Roggen, Hafer, Buchweizen, Gerste, Quinoa und Amaranth.
- Haben Sie kein schlechtes Gewissen, wenn Sie unbedingt einen Hamburger, einen Eisbecher mit Sahne, ein paar Pralinen essen müssen, oder wenn der Liebste mit einer Flasche Champagner vor der Tür steht. Genießen Sie es! Versuchen Sie am folgenden Tag etwas weniger zu essen oder treiben Sie mehr Sport.
- Kein Mensch nimmt täglich die gleiche Menge ab. Wenn es zu einem Stillstand gekommen ist, legen Sie einmal pro Woche einen Safttag (3 Liter Obst- oder Gemüsesaft), einen Gemüsetag (1,2 Kilogramm Gemüse, roh und gekocht und Salat) oder einen Obsttag (höchstens 1 Kilogramm nicht zu süße Früchte, roh und gekocht) ein.
- Wiegen Sie sich alle 2 Tage.

Kalorien- und Nährstofftabelle

Wer abnehmen möchte, muss auf seine Energiezufuhr achten! Jedes Nahrungsmittel besitzt einen Brennwert (= Kalorien). Den höchsten Brennwert besitzt Fett mit 9,3 Kilokalorien (39 Kilojoule) pro Gramm. Es folgt Alkohol mit 7,1 (30 Kilojoule) pro Gramm. Eiweiß und Kohlenhydrate bringen es pro Gramm auf 4,1 Kilokalorien (17,2 Kilojoule).
In den folgenden Tabellen finden Sie neben dem Brennwert (Kilokalorien und Kilojoule; 1 kcal = 4,2 kJ) pro 100 Gramm verzehrbaren Anteil die Angaben über Kohlenhydrate (KH), Eiweiß (EW), Fett (F) und die Ballaststoffe (B).
Alle Zahlen sind gerundet.

Brot, Brötchen, Backwaren

Lebensmittel	kcal	kJ	KH	EW	F	B
Croissant	400	1680	34	6	26	1
Knäckebrot, leicht	266	1117	52	8	1	2
Pumpernickel	247	1040	49	7	1	10
Vollkornbrot	239	1010	46	7	1	7
Vollkornbrötchen	228	958	42	8	2	6
Vollkornkekse	465	1953	35	10	20	8
Butterkekse	440	1848	75	8	11	3
Obsttorte (Biskuit)	200	840	40	2	2	5
Zwetschgenkuchen	180	756	29	4	4	2

Getreide, Reis, Nudeln & Kartoffeln

Lebensmittel	kcal	kJ	KH	EW	F	B
Grieß	325	1365	68	10	1	7
Grünkernschrot	350	1470	69	12	3	6
Haferflocken	390	1638	63	12	7	5
Vollkornreis, gekocht	130	546	27	3	1	1
Vollkornnudeln, gekocht	138	580	23	5	2	4
Kartoffeln, gekocht	75	315	16	2	–	2
Kartoffelpüree	90	378	13	3	2	1
Klöße, halb und halb	100	420	21	2	1	1
Pommes frites	280	1176	32	4	13	2

Frisches Gemüse und Salat

Lebensmittel	kcal	kJ	KH	EW	F	B
Bleichsellerie	15	63	2	1	–	2
Blumenkohl	22	92	3	3	–	3
Bohnen, grüne	35	147	5	2	–	2
Champignons	15	63	1	3	–	2
Erbsen	85	357	13	7	1	4
Fenchel	24	101	3	2	–	3
Grünkohl	36	151	3	4	1	4
Kohlrabi	24	101	4	2	–	1
Möhren	25	105	5	1	–	3
Paprika	25	105	4	1	–	2
Porree	24	101	3	2	–	2
Rosenkohl	36	151	4	5	–	4
Sauerkraut	18	77	2	2	–	2
Schwarzwurzeln	16	67	2	1	–	16
Spargel	12	50	2	2	–	2
Wirsing	24	101	2	3	–	2
Zucchini	20	84	2	2	–	1
Schikoree	16	67	2	1	–	1
Eisbergsalat	12	50	2	1	–	1
Feldsalat	15	63	1	2	–	2
Oliven, eingelegt	145	609	2	1	14	2
Radieschen	15	63	2	1	–	2
Sojabohnensprossen	60	252	3	5	1	3
Salatgurke	12	50	2	1	–	1
Tomaten	20	84	3	1	–	2

Frisches Obst

Lebensmittel	kcal	kJ	KH	EW	F	B
Ananas	55	231	13	1	–	1
Apfel	55	231	12	–	–	2
Apfelsine	43	180	9	1	–	2
Avocado	230	966	3	2	24	3
Banane	60	252	13	–	–	3
Brombeeren	44	185	7	1	1	3
Erdbeeren	33	139	7	1	–	2
Grapefruit	40	168	9	1	–	1
Kirschen, süß	62	260	14	1	–	2
Mango	58	244	13	1	1	2
Nektarine/Pfirsich	40	168	9	1	–	2
Pflaume	50	210	11	1	–	2
Wassermelone	38	160	8	1	–	–
Weintrauben	70	294	16	1	–	2

Hülsenfrüchte, Nüsse & Samen

Lebensmittel	kcal	kJ	KH	EW	F	B
Bohnen, weiß (getrocknet)	300	1260	48	21	2	17
Erbsen (getrocknet)	340	1428	56	22	1	16
Linsen (getrocknet)	325	1365	52	24	1	11
Cashewkerne (ohne Salz)	590	2478	31	18	42	3
Esskastanien	200	840	41	3	2	5
Erdnüsse (ohne Salz)	600	2520	12	25	48	7
Haselnüsse	670	2814	11	12	61	7
Kokosnuss	350	1470	5	4	35	8
Mandeln	623	2617	9	19	54	10
Sonnenblumenkerne	600	2520	12	23	49	6
Walnüsse	680	2856	10	14	62	5

Eier, Milch & Milchprodukte

Lebensmittel	kcal	kJ	KH	EW	F	B
1 Ei, gekocht	90	378	–	9	8	–
1 Eigelb	72	302	–	4	8	–
1 Eiweiß	18	76	–	5	–	–
Buttermilch	40	168	5	4	1	–
Crème fraîche	380	1596	2	2	40	–
Jogurt (3,5% F)	74	310	5	4	4	–
Jogurt (0,3% F)	40	168	5	4	–	–
Kefir	66	277	5	3	4	–
Milch (3,5% F)	66	277	5	3	4	–
Milch (1,5% F)	50	210	5	3	2	–
saure Sahne (10% F)	120	504	3	3	10	–
süße Sahne (30% F)	318	1336	3	2	30	–
Quark (40% F)	165	693	3	11	11	–
Magerquark	75	315	4	13	–	–
Blauschimmelkäse (45% F)	350	1470	–	22	30	–
Brie (45% F)	280	1176	–	21	22	–
Camembert (30% F)	225	945	–	24	14	–
Camembert (50% F)	310	1302	–	21	23	–
Edamer	330	1386	–	26	23	–
Emmentaler	400	1680	–	29	30	–
Gouda	300	1260	–	25	22	–
Harzer Käse	136	567	–	30	1	–
Hüttenkäse	83	349	2	14	2	–
Mozzarella	250	1050	–	19	20	–
Tilsiter	300	1260	–	25	22	–

Fleisch & Wurstwaren

Lebensmittel	kcal	kJ	KH	EW	F	B
Brathähnchen	240	1008	–	18	16	–
Kaninchen	125	525	–	22	4	–
Kasseler	215	903	–	25	12	–
Putenschnitzel	160	672	–	30	5	–
Rindfleisch (mager)	125	525	–	21	9	–
Schweinefleisch (mager)	140	588	–	19	12	–
Bierschinken	180	756	–	17	12	–

Fleisch & Wurstwaren

Lebensmittel	kcal	kJ	KH	EW	F	B
Bratwurst	335	1407	–	16	29	–
Corned Beef	160	672	–	22	6	–
Geflügelwurst	260	1092	–	20	17	–
Gekochter Schinken	220	924	–	24	11	–
Lachsschinken	135	567	–	26	4	–
Leberwurst	375	1575	–	12	36	–
Räucherschinken	370	1554	–	16	31	–
Salami	425	1785	–	22	37	–
Teewurst	420	1764	–	15	39	–
Weißwurst	298	1252	–	11	27	–

Frische Fische & Meeresfrüchte

Lebensmittel	kcal	kJ	KH	EW	F	B
Forelle	115	483	–	20	3	–
Heilbutt	160	672	–	30	4	–
Kabeljau	85	357	–	18	–	–
Lachs	218	916	–	20	13	–
Rotbarsch	115	483	–	18	4	–
Schellfisch	80	336	–	18	–	–
Scholle	85	357	–	17	1	–
Seelachs	88	370	–	17	1	–
Tunfisch	245	1029	–	21	16	–
Tunfisch in Öl	250	1050	–	24	20	–
Tunfisch natur	140	588	–	22	8	–
Austern	70	294	5	9	1	–
Krabben	100	420	2	19	2	–
Miesmuscheln	56	235	–	10	1	–
Schrimps	75	315	–	17	1	–
Tintenfisch	80	336	–	16	1	–

Fette & Öle

Lebensmittel	kcal	kJ	KH	EW	F	B
Butter	771	3238	–	1	83	–
Butterschmalz	916	1699	–	–	96	–
Halbfettbutter	396	1663	–	5	41	–
Halbfettmargarine	377	1583	–	2	40	–
Pflanzenmargarine	745	3129	–	–	80	–
Schweineschmalz	898	3772	–	–	100	–
Öl	927	3893	–	–	100	–
Majonäse (80% F)	782	3284	3	2	80	–
Salatmajonäse	336	1411	9	1	36	–

Getränke

Lebensmittel	kcal	kJ	KH	EW	F	B
100 ml						
Apfelsaft	48	201	12	–	–	–
Cola	46	193	11	–	–	–
Cola light	3	13	1	–	–	–
Gemüsesaft	18	76	3	1	–	1
Orangensaft	45	189	10	1	–	–
Tomatensaft	18	76	3	1	–	1
Traubensaft	70	294	17	–	–	–
Apfelwein	45	189	1	–	–	–
Bier	45	189	3	1	–	–
Bier, alkoholfrei	28	118	6	1	–	–
Cognac (2 cl)	45	189	–	–	–	–
Doppelbock	60	252	4	1	–	–
Rotwein, leicht	65	273	–	–	–	–
Sekt (trocken)	75	315	–	–	–	–
Weißwein, leicht	65	273	–	–	–	–
Weißweinschorle	35	147	–	–	–	–

(kalorienfrei sind Mineralwässer sowie Tee und Kaffee ohne Zucker und Milch)

Mit Schwung in den Tag

Die erste Mahlzeit des Tages sollte Sie mit allen notwendigen Vitalstoffen versorgen, damit Sie wohl gerüstet mit Ihrem Tagewerk beginnen können. Nehmen Sie sich Zeit für Ihr Frühstück, genießen Sie das Müsli aus nussigen Getreideflocken, aromatischen Früchten und frischer Milch. Damit keine Langeweile aufkommt, finden Sie auf den folgenden Seiten noch weitere, leichte Frühstücksideen.

Sonntagsmüsli mit exotischen Früchten

389 kcal, 1629 kJ, 58,3 KH, 11,9 g EW, 9,5 g F, 5,3 g B pro Portion

Zutaten für 2 Portionen

1 kleine Mango
1 Baby-Ananas
10 Physalis (Kapstachelbeeren)
250 g Jogurt (1,5% F)
1 EL Akazienhonig
2 EL Zitronensaft
60 g kernige Haferflocken (z. B. von Kölln)
1 EL grobe Kokosraspel
1 EL Pinienkerne

So wird's gemacht

1. Das Fruchtfleisch der Mango in Spalten vom Kern schneiden. Anschließend schälen und in dünne Scheiben schneiden.
2. Von der Baby-Ananas den Schopf und den unteren Teil entfernen, die Frucht von oben nach unten vierteln und schälen, dabei mit einem spitzen Küchenmesser die dunklen Augen ausstechen. Die Ananas ebenfalls in dünne Scheiben schneiden.
3. Von 2 Physalis die papierähnliche Haut nach hinten streifen, die Früchte waschen und trockentupfen. Anschließend beiseite stellen. Die restlichen Physalis aus ihrer Umhüllung nehmen, waschen, trockenreiben und vierteln.
4. Den Jogurt mit dem Honig, dem Zitronensaft und bis auf einen kleinen Rest mit den Haferflocken mischen.
5. Zwei Drittel der zerkleinerten Früchte mit dem Jogurt verrühren und in 2 Schalen anrichten.
6. Das Müsli mit den zurückbehaltenen Früchten, den Kokosraspeln und je einer Physalis garnieren. Zum Schluss die restlichen Haferflocken und die Pinienkerne über das Sonntagsmüsli streuen und sofort servieren.

Tipp:

Die wohlschmeckenden Mangofrüchte werden bei uns meist unreif angeboten. Sie sind reif, wenn die Früchte auf einen leichten Fingerdruck nachgeben. Während Sie bei einer großen Ananas den mittleren harten Strunk entfernen müssen, ist dies bei der Baby-Ananas nicht notwendig.

Kerniges Hafermüsli

462 kcal, 1933 kJ, 68,6 g KH, 12,9 g EW, 12,2 g F, 9,7 g B pro Portion

Zutaten für 2 Portionen

50 g zerquetschte Haferkörner (oder kernige Haferflocken)
1 TL Haselnüsse
2 EL Rosinen
1 TL Sonnenblumenkerne
1 TL Kürbiskerne
1 kleiner roter Apfel
1 kleiner grüner Apfel
1 Banane
250 g Jogurt (1,5 % F)
1 Orange
1 EL Ahornsirup

So wird's gemacht

1. Die zerquetschten Haferkerne (oder Haferflocken) in einer Pfanne ohne Fett so lange rösten, bis sie duften. Anschließend in eine Schüssel geben.
2. Die Haselnüsse grob hacken, zusammen mit den Rosinen, den Sonnenblumen- und Kürbiskernen zum Getreide geben und alles gründlich mischen.
3. Die beiden Äpfel waschen, trockenreiben, vierteln und das Kerngehäuse herausschneiden. Anschließend die Apfelviertel erst in sehr dünne Scheiben und dann in schmale Stifte schneiden. Die geschälte Banane schräg in dünne Scheiben schneiden. Das Obst mit der Hafer-Nuss-Mischung vermengen.
4. Den Jogurt in einer Schüssel glatt rühren.
5. Die Orange auspressen. Den Saft zusammen mit dem Ahornsirup zum Jogurt geben und mischen.
6. Das Müsli auf 2 Tellern anrichten und mit dem Jogurt begießen.

Knuspermüsli mit Himbeeren

418 kcal, 1751 kJ, 51,5 g KH, 10,1 g EW, 17,0 g F, 11,8 g B pro Portion

Zutaten für 2 Portionen

2 EL Zucker
60 g kernige Haferflocken
2 EL Mandelblättchen
250 g Himbeeren
150 g Jogurt (1,5 % F)
1 P. Vanillezucker
4 EL geschlagene süße Sahne

So wird's gemacht

1. Den Zucker in einer Pfanne oder in einem Topf mit schwerem Boden hell karamellisieren lassen und die Haferflocken und Mandeln damit mischen.
2. Die Hafer-Mandel-Masse auf ein leicht geöltes Butterbrotpapier streichen und abkühlen lassen.
3. Die abgekühlte Haferflockenmasse in einen Gefrierbeutel geben und mit dem Teigroller zerkleinern.
4. Die Himbeeren verlesen und die Hälfte mit den Haferflocken mischen. Anschließend auf 2 Schälchen verteilen.
5. Den Jogurt mit dem Vanillezucker glattrühren und zum Schluss die geschlagene Sahne vorsichtig unterheben.
6. Die Himbeer-Hafer-Masse mit den restlichen Früchten und dem sahnigen Jogurt anrichten.

Tipps:

Wer täglich für mehrere Personen Müsli auf den Tisch bringt, sollte sich eine Flockenquetsche zulegen.
Probieren Sie dieses Knuspermüsli auch mit anderen Beeren, beispielsweise mit Brombeeren, Heidelbeeren, Johannisbeeren oder Erdbeeren. Besonders köstlich schmeckt eine Mischung aus Brombeeren und roten Johannisbeeren oder Himbeeren mit Erdbeeren.
In Reformhäusern und Naturkostläden finden Sie eine ganze Reihe verschiedene Getreidekörner bzw. Getreideflocken.

Konzentrationsmüsli

425 kcal, 1783 kJ, 64,7 g KH, 17,6 g EW, 8,0 g F, 8,4 g B pro Portion

Zutaten für 2 Portionen

100 g kernige Haferflocken
40 g Walnusskerne
2 EL Rosinen
2 große Äpfel
100 g Magerquark
5–8 EL Buttermilch
1 EL Akazienhonig
2 EL Zitronensaft

So wird's gemacht

1. Die Haferflocken in eine Schüssel geben.
2. Die Walnüsse hacken und mit Rosinen und Haferflocken mischen.
3. Die gewaschenen Äpfel mit Schale grob raspeln und mit Haferflocken vermengen.
4. Den Magerquark mit Buttermilch zu einer halbflüssigen Creme verrühren. Anschließend mit Honig und Zitronensaft würzen.
5. Den Quark mit den Haferflocken mischen und sofort anrichten.

Tipp:

Das ganze Jahr über bekommen Sie bei uns frische Früchte jeder Art angeboten. Wählen Sie dennoch das Obst, das gerade Saison hat: Zitrusfrüchte und exotische Früchte im Winter, Beeren im Frühjahr, Pfirsiche, Nektarinen, Kirschen und Weintrauben im Sommer, Birnen und Äpfel im Herbst.

Früchtecocktail mit würziger Jogurtsauce

415 kcal, 1736 kJ, 57,4 g KH, 11,6 g EW, 12,6 g F, 6,9 g B pro Portion

Zutaten für 2 Portionen

1 Karambole (Sternfrucht)
1 Feige
1 Kiwi
6 Physalis (Kapstachelbeeren)
2 Scheiben Ananas
1 kleine Mango
2 frische Litschis
250 g Jogurt (1,5% F)
4 Minzblättchen
3 EL Zitronensaft
2 EL Akazienhonig
2 EL Sonnenblumenkerne

So wird's gemacht

1. Von der Karambole die dunklen Seitenstreifen abschneiden und anschließend quer in dünne Scheiben schneiden. Die Kerne mit einem kleinen Messer entfernen.
2. Die gewaschene Feige und die geschälte Kiwi in Scheiben schneiden.
3. Die Physalis aus ihrer Umhüllung nehmen, waschen, trockentupfen und ebenfalls in Scheiben schneiden. Die Ananasscheiben halbieren. Die Mango in Spalten vom Kern schneiden. Anschließend schälen und das Fruchtfleisch würfeln.
4. Die harte Schale der Litschis vorsichtig aufbrechen und die hellen Früchte herauslösen.
5. Alle Früchte dekorativ auf 2 Tellern anrichten.
6. Den Jogurt in einer Schüssel glatt rühren. Die Minzblättchen streifig schneiden und zum Jogurt geben. Dann mit Zitronensaft und Akazienhonig verrühren. Die würzige Jogurtsauce über den Früchtecocktail gießen.
7. Die Sonnenblumenkerne in einer Pfanne ohne Fett rösten bis sie duften, leicht abkühlen lassen und zum Schluss über den Früchtecocktail streuen.

Tipps:

Statt Jogurt können Sie natürlich auch Magerquark mit Jogurt, Buttermilch oder fettarmem Kefir verrühren. Anstatt der frischen Minzeblättchen können Sie auch 2 Messerspitzen getrocknete Pfefferminzblätter verwenden. Der Geschmack ist sehr intensiv, deshalb genügt eine kleine Dosis.

Hirsemüsli mit Bananen und Heidelbeeren

403 kcal, 1689 kJ, 82,4 g KH, 7,5 g EW, 2,8 g F, 9,5 g B pro Portion

Zutaten für 2 Portionen

80 g Hirse
100 ml fettarme Milch
3 EL Ahornsirup
1 Banane
3 EL Zitronensaft
150 g Heidelbeeren

So wird's gemacht

1. Die Hirse in der dreifachen Menge Wasser 20 Minuten leise köcheln lassen. Anschließend noch 15 Minuten nachquellen lassen.
2. Überschüssiges Wasser abschütten und den Hirsebrei mit der Milch und dem Ahornsirup mischen.
3. Die geschälte Banane würfeln, mit Zitronensaft beträufeln und sofort mit dem Hirsebrei vermengen.
4. Die Heidelbeeren putzen, waschen, gut abtropfen lassen und zum Schluss unter das Müsli rühren.

Tipps:

Hirse ist das Urgetreide des afrikanischen Kontinents und besonders eiweißreich. Es schmeckt nicht nur süß wie hier im Müsli, sondern ist auch als aparte Beilage statt Kartoffeln, Nudeln oder Reis und besonders gut als Suppeneinlage beliebt (Die Nordafrikaner bereiten ihre Nationalspeise Couscous aus Hirse zu.).
Frische Heidelbeeren werden nur kurze Zeit im Sommer und Frühherbst angeboten. Sie können sie aber als Tiefkühlprodukt jederzeit erhalten.

Bananenmüsli mit Schokoeis

301 kcal, 1262 kJ, 61,2 g KH, 5,7 g EW, 2,4 g F, 3,6 g B pro Portion

Zutaten für 2 Portionen

125 ml fettarme Milch
1 Banane
2 EL Honig
1 EL Zitronensaft
2 Kugeln Diätschokoladeneis
40 g Cornflakes

So wird's gemacht

1. Die Milch in einen Mixer gießen. Die geschälte Banane in grobe Stücke schneiden und zusammen mit dem Honig zur Milch geben.
2. Alle Zutaten miteinander pürieren und zum Schluss den Zitronensaft dazugeben.
3. Das Bananenpüree auf 2 Tellern verteilen und jeweils eine kleine Kugel Diät-Schokoeis hineinsetzen.
4. Vor dem Servieren die Cornflakes darüber streuen.

Tipps:

Statt der Banane können Sie die Milch auch mit 125 Gramm Tofu (Sojaquark, aus dem Reformhaus oder dem Naturkostladen) pürieren. Nach Belieben können Sie die Tofumilch mit einigen Apfel- oder Birnenwürfeln oder auch frischen Beeren mischen. Statt der Cornflakes eignen sich ebenso gut verschiedene Getreideflocken.

Fruchtspieße mit Schokosauce

415 kcal, 1736 kJ, 54,9 g KH, 8,5 g EW, 14,9 g F, 11,8 g B pro Portion

Zutaten für 2 Portionen

1 Banane
1 Kiwi
125 g Erdbeeren
1 Karambole (Sternfrucht)
1 Orange
80 g kernlose Weintrauben

Für die Sauce:

50 g Zartbitterschokolade
8–10 EL Magermilch
20 g Mandelblättchen

So wird's gemacht

1. Die geschälte Banane schräg in Scheiben schneiden. Die Kiwi schälen und nicht zu klein würfeln.
2. Die Erdbeeren waschen und je nach Größe halbieren oder vierteln.
3. Von der Sternfrucht die dunklen Ränder abschneiden. Anschließend die Frucht in dicke Scheiben schneiden.
4. Die Orange wie einen Apfel schälen und dabei auch die weiße bittere Haut entfernen. Dann grob würfeln. Die Weintrauben waschen und gut abtropfen lassen.
5. Die Früchte abwechselnd auf Spieße stecken.
6. Für die Sauce die Schokolade zerbröckeln und in der Milch bei milder Hitze verflüssigen. Anschließend mit den Mandelblättchen bestreuen. Die Sauce über das Obst löffeln oder getrennt zu den Spießen reichen.

Pfirsichbecher

218 kcal, 916 kJ, 27,4 g KH, 9,7 g EW, 6,1 g F, 3,5 g B pro Portion

Zutaten für 2 Portionen

2 große reife Pfirsiche
3 EL Zitronensaft
100 g Magerquark
1 EL Honig
1 TL Mandelmus (aus dem Reformhaus)
1 Karambole (Sternfrucht)
1 TL gehackte Pistazien
1 EL Kirschsauce (z. B. von Schwartau)

So wird's gemacht

1. 1 Pfirsich waschen, halbieren und den Stein entfernen. 6 dünne Spalten abschneiden und beiseite legen.
2. Die ganzen Pfirsiche sowie den halben kurz in kochendes Wasser tauchen, herausnehmen und die Haut abziehen. Anschließend die Pfirsiche pürieren und etwas Zitronensaft darüberträufeln.
3. Das Pfirsichpüree auf 2 Gläser verteilen.
4. Den Quark durch ein Sieb streichen, mit dem Honig, dem restlichen Zitronensaft und dem Mandelmus glatt rühren.
5. Die Quarkcreme auf dem Pfirsichpüree anrichten.
6. Die Pfirsichbecher mit einigen Scheiben Karambole, den zurückgelegten Pfirsichspalten, den gehackten Pistazien sowie etwas Kirschsauce garnieren. (auf dem Foto oben)

Brombeerjogurt

190 kcal, 796 kJ, 29,9 g KH, 9,9 g EW, 2,1 g F, 3,5 g B pro Portion

Zutaten für 2 Portionen

200 g Brombeeren
125 g Jogurt (1,5% F)
100 g Magerquark
2 EL Honig
2 EL Zitronensaft

So wird's gemacht

1. Die Brombeeren verlesen, waschen und gut abtropfen lassen. Ein Drittel beiseite legen, den Rest mit einer Gabel zerdrücken.
2. Den Jogurt mit dem Magerquark, dem Honig und dem Zitronensaft glatt rühren.
3. Die zermusten Brombeeren rasch unter die Jogurtcreme mischen, auf 2 Schälchen verteilen und mit den zurückbehaltenen Brombeeren garnieren. (auf dem Foto Mitte)

Orangencreme

127 kcal, 528 kJ, 18,6 g KH, 8,4 g EW, 1,6 g F, 0,7 g B pro Portion

Zutaten für 2 Portionen

2 Blatt weiße Gelatine
125 g Jogurt (1,5% F)
Saft von 1 Orange
1 EL Zucker
1 Eiweiß
1 TL Haselnusskrokant (z. B. von Schwartau)
2 Rispen rote Johannisbeeren

So wird's gemacht

1. Die Gelatine 10 Minuten in kaltem Wasser einweichen.
2. Den Jogurt mit dem Orangensaft und dem Zucker glatt rühren.
3. Das Eiweiß sehr steif schlagen.
4. Die eingeweichte Gelatine gut ausdrücken und bei milder Hitze verflüssigen. Dann schnell unter den Orangenjogurt rühren. Das Eiweiß unterheben und die Creme auf 2 Schälchen verteilen.
5. Die Orangencreme im Kühlschrank mindestens 1 Stunde lang festwerden lassen. Vor dem Servieren mit etwas Haselnusskrokant und je einer Johannisbeerrispe garnieren. (auf dem Foto unten)

Würzige Frühstücksbrote

238 kcal, 996 kJ, 21,5 g KH, 10,5 g EW, 10,9 g F, 5,3 g B pro Portion

Zutaten für 2 Portionen

2 Scheiben Vollkornbrot
2 EL Halbfettbutter
(z. B. von Du darfst)
2 Scheiben Du darfst-Katenschinken
2 Scheiben Du darfst-Cervelatwurst
50 g Rettich
50 g Salatgurke
1 Tomate
1 EL gehackte Petersilie

So wird's gemacht

1. Die beiden Brotscheiben mit der Halbfettbutter bestreichen.
2. 2 Scheiben Lachsschinken auf einer Brotscheibe anordnen, die Cervelatwurst auf der anderen Scheibe.
3. Den Rettich und die Salatgurke schälen und getrennt voneinander grob in eine Schüssel raspeln.
4. Die Tomate waschen, den grünen Stielansatz entfernen und das Fruchtfleisch in kleine Würfel schneiden.
5. Die Gurkenraspel mit den Tomatenwürfeln und etwas gehackter Petersilie mischen, die Cervelatwurst damit garnieren.
6. Den geraspelten Rettich auf dem Lachsschinken anrichten. Die Brote mit der restlichen Petersilie garnieren. (Foto Seite 32)

Tipp:

Im Handel finden Sie eine ganze Reihe fettreduzierter Wurst- und Käsespezialitäten. Wenn Sie sich nur mit mageren Lebensmitteln und mit Halbfett-Produkten ernähren, können Sie am Tag rund die Hälfte der Kalorien einsparen, die Sie normalerweise zu sich nehmen würden.

Jogurt mit Gurke und Dill

90 kcal, 376 kJ, 10,7 g KH, 5,2 g EW, 2,2 g F, 1,5 g B pro Portion

Zutaten für 2 Portionen

½ Salatgurke
200 g Jogurt (1,5 % F)
2 EL Kölln Instant-Flocken
1 Prise Salz
1 Msp. Cayennepfeffer
1–2 EL Zitronensaft
2–3 EL gehackter Dill

So wird's gemacht

1. Die Gurke schälen. Eine Hälfte grob, die andere fein raspeln.
2. Den Jogurt mit den Instant-Flocken verrühren, anschließend mit Salz, Cayennepfeffer, Zitronensaft und Dill pikant abschmecken.
3. Zum Schluss die geraspelte Gurke unterheben und den Salat 30 Minuten kühl stellen.
(Foto oben)

Tipps:

Mischen Sie z. B. 1–2 gehackte Knoblauchzehen oder eine fein gehackte Gewürzgurke unter dieses Jogurtgericht.
Wenn Sie statt des Jogurts Quark verwenden, haben Sie einen kalorienarmen Brotaufstrich für Ihr Frühstücksbrötchen. In diesem Fall können Sie auf die Instant-Flocken verzichten.

Quarkcreme mit Gemüse

187 kcal, 778 kJ, 19,5 g KH, 8,9 g EW, 7,0 g F, 5,6 g B pro Portion

Zutaten für 2 Portionen

½ gelbe Paprikaschote
50 g Lauch
80 g Magerquark
30 g leichte Majonäse
(z. B. Hellmann's Leichter Genuss)
Salz
Pfeffer aus der Mühle
2 Scheiben Pumpernickel
2 Salatblätter
2 EL Schnittlauch
etwas Cayennepfeffer

So wird's gemacht

1. Die Paprikaschote und den Lauch putzen, waschen und gut abtropfen lassen. Von der Paprikaschote einige hauchdünne Streifen abschneiden und beiseite legen. Die restliche Paprikaschote und den Lauch sehr fein würfeln.
2. Den Magerquark mit der Majonäse glatt rühren, mit Salz und Pfeffer würzen und zum Schluss die Gemüsewürfel unterheben.
3. Die Pumpernickelscheiben mit je einem Salatblatt belegen und mit der Quarkcreme bestreichen. Zum Schluss die Paprikastreifen, etwas Schnittlauch und Cayennepfeffer darüber streuen.
(auf dem Foto Seite 34: oben)

Gefülltes Baguette

528 kcal, 2214 kJ, 78,5 g KH, 18,7 g EW, 12,7 g F, 5,7 g B pro Portion

Zutaten für 2 Portionen

250 g Mangoldblätter (oder Spinat)
1 kleine Zwiebel
1 TL Keimöl
100 ml Gemüsebrühe
1 Beutel Knorr Fix für Pizza-Baguette
1 TL Pinienkerne
2 EL Rosinen
50 g Feta (griechischer Schafskäse)
200 g Baguette

So wird's gemacht

1. Den Mangold (oder den Spinat) putzen, waschen, gut abtropfen lassen und anschließend in schmale Streifen schneiden.
2. Die Zwiebel schälen und fein würfeln. Das Öl in einer Pfanne erhitzen und die Zwiebelwürfel darin anschwitzen. Den Mangold (Spinat) dazugeben und zusammenfallen lassen.
3. Die Gemüsebrühe dazugeben, Knorr Fix für Pizza-Baguette unterrühren und 2 Minuten köcheln lassen.
4. Die Pinienkerne, Rosinen und den klein gewürfelten Feta dazugeben und alles gut mischen.
5. Das Baguette der Länge nach aufschneiden und den inneren weichen Teil herauslösen.
6. Beide Hälften mit der Mangold- oder Spinatmischung füllen und wieder zusammensetzen.
7. Das gefüllte Baguette im vorgeheizten Backofen bei 200 °C (Gas: Stufe 3) 10–15 Minuten backen und sofort servieren.
(auf dem Foto Seite 34: Mitte)

Kichererbsencreme

242 kcal, 1014 kJ, 31,6 g KH, 8,0 g EW, 8,0 g F, 7,1 g B pro Portion

Zutaten für 4 Portionen

1 kleine Dose Kichererbsen
(Abtropfgewicht 250 g)
1 Kräuterling „Petersilie-Knoblauch"
2–3 TL Zitronensaft
1 EL leichte Majonäse
(z. B. Hellmann's Leichter Genuss)
1 EL Sesam
4 Scheiben Vollkornbrot
½ Bund glatte Petersilie

So wird's gemacht

1. Kichererbsen in ein Sieb schütten, abspülen und gut abtropfen lassen.
2. 5 Esslöffel heißes Wasser in ein hohes Gefäß geben und den Kräuterwürfel darin auflösen.
3. Die abgetropften Kichererbsen, den Zitronensaft und die Majonäse dazugeben und alles pürieren.
4. Den Sesam in einer fettfreien Pfanne rösten, bis er duftet und dann unter das Püree heben.
5. Die Kichererbsencreme auf die Brote streichen und mit gehackter Petersilie garnieren.
(auf dem Foto Seite 34: unten)

Gefüllte Tomaten mit Tunfisch

256 kcal, 1070 kJ, 6,9 g KH, 21,4 g EW, 13,6 g F, 2,5 g B pro Portion

Zutaten für 2 Portionen

2 große Tomaten (etwa 250 g)
Salz
Pfeffer aus der Mühle
1 TL Keimöl
einige Tropfen Zitronensaft
Für die Füllung:
1 Dose Tunfisch-Filetstücke in eigenem Saft (Abtropfgewicht: 150 g)
1 Ei
2 Schalotten
1 Stiel Estragon
etwas Kerbel

So wird's gemacht

1. Von den gewaschenen Tomaten einen Deckel abschneiden und die Tomaten aushöhlen. Die Tomatenhälften 30 Minuten mit der Öffnung nach unten auf Küchenpapier abtropfen lassen.
2. Etwas Salz, Pfeffer, Öl und Zitronensaft verrühren und die Tomaten damit innen bestreichen.
3. Die Tunfischstücke in einem Sieb abtropfen lassen und in einer Schüssel grob zerpflücken.
4. Das Ei hart kochen, pellen und das Eiweiß fein würfeln.
5. Die Schalotten schälen und fein würfeln, dann mit einigen gehackten Estragon- und Kerbelblättchen mischen.
6. Den Tunfisch mit den Eiweißwürfeln, Schalotten und Kräutern mischen und in die Tomaten füllen.
7. Das Eigelb durch ein feines Sieb drücken und zum Schluss die gefüllte Tomate damit garnieren.

Apfelschiffchen

411 kcal, 1723 kJ, 43,7 g KH, 16,9 g EW, 16,2 g F, 5,2 g B pro Portion

Zutaten für 2 Portionen

250 g Baguette
2 EL Halbfettbutter
80 g Geflügelwurst
3 kleine säuerliche Äpfel
(z. B. Ingrid Marie)
2 Tomaten
25 g Mandelblättchen
80 g fettarmer Käse

So wird's gemacht

1. Das Baguette einmal quer und einmal längs halbieren und mit der Halbfettbutter bestreichen.
2. Das Baguette mit der Geflügelwurst belegen.
3. Die gewaschenen Äpfel vierteln, das Kerngehäuse entfernen und die Apfelviertel würfeln.
4. Die Tomaten kurz in kochendes Wasser halten. Anschließend die Haut abziehen, die Kerne herausdrücken und das Tomatenfleisch fein würfeln.
5. Die Apfel- und Tomatenwürfel über der Geflügelwurst verteilen und mit den Mandelblättchen sowie dem geriebenen Käse bestreuen.
6. Die Apfelschiffchen im vorgeheizten Backofen bei 200 °C (Gas: Stufe 3) 10–15 Minuten überbacken, bis der Käse geschmolzen ist.

Tipp:

Wenn Sie keine Äpfel in dieser Zusammenstellung mögen, können Sie auch eine halbe Salatgurke verwenden. Schälen Sie die Gurke und schneiden das Fruchtfleisch in kleine Würfel. Nach dem Überbacken haben Sie feine „Gurkenschiffchen“.

Köstliche Kleinigkeiten für zwischendurch

Vernachlässigen Sie nicht die kleinen feinen Zwischenmahlzeiten. Sie sorgen dafür, dass Ihr Blutzuckerspiegel nicht absinkt. Eine kleine Milchmahlzeit, etwas Obst oder Gemüse bringen rasch die verloren gegangene Energie zurück. Wenn Sie berufstätig sind, können Sie sich die Zwischenmahlzeit entweder direkt am Arbeitsplatz leicht zubereiten oder vorher zu Hause herstellen und im geschlossenen Gefäß mitnehmen. Jede Zwischenmahlzeit am späten Vormittag und am Nachmittag sorgt dafür, dass kein Heißhunger aufkommt und Sie bei der nächsten Hauptmahlzeit mehr essen, als Sie eigentlich wollen.

Hüttenfrühstück

234 kcal, 985 kJ, 31,6 g KH, 10,9 g EW, 5,8 g F, 3,8 g B pro Portion

Zutaten für 2 Portionen

100 g Hüttenkäse
1 EL Honig
½ Apfel
1 EL Rosinen
2 EL kernige Haferflocken (z. B. von Kölln)
1 Orange
20 g gehackte Cashewkerne

So wird's gemacht

1. Den Hüttenkäse mit dem Honig in einer Schale verrühren. Den halben Apfel vom Kerngehäuse befreien und mit Schale fein zum Hüttenkäse reiben. Alles gut mischen.
2. Die Rosinen und die Hälfte der Haferflocken zu dem Hüttenkäse geben und mischen. Anschließend auf 2 Schalen verteilen.
3. Die Orange wie einen Apfel schälen und dabei auch die weiße bittere Haut entfernen. Anschließend die Filets lösen und über den angerührten Hüttenkäse geben. Zum Schluss die restlichen Haferflocken und die gehackten Cashewkerne darüber streuen.

Tipp:

Zitrusfrüchte zu filetieren ist gar nicht so schwer. Mit einem scharfen Messer entfernen Sie die Schale und auch den weißen Teil. Dann schneiden Sie zwischen die Trennwände, um so die Filets herauszulösen. Den dabei anfallenden Saft sollten Sie auffangen und verwenden. Zum Schluss werden die Fruchtrückstände kräftig ausgedrückt.

Kokosbanane mit Milchreis

404 kcal, 1696 kJ, 60,8 g KH, 9,6 g EW, 11,6 g F, 3,6 g B pro Portion

Zutaten für 3 Portionen

400 ml fettarme Milch
Zitronenschale (unbehandelt)
1 Prise Salz
2 EL Zucker
125 g Milchreis
1 Kiwi
1 Banane
1 Eiweiß
2 EL Kokosraspel
2 EL Butterschmalz
Zimt
Minzeblättchen

So wird's gemacht

1. Die Milch mit einem Stück Zitronenschale, Salz und Zucker zum Kochen bringen.
2. Den Milchreis in ein Sieb schütten und so lange unter kaltem Wasser abspülen, bis das Abtropfwasser klar ist. Den gewaschenen Reis zur kochenden Milch geben und bei milder Hitze unter ständigem Rühren 35–40 Minuten garen.
3. Die Kiwi schälen, in Scheiben schneiden und auf 2 Tellern verteilen. Die geschälte Banane längs halbieren, rundherum mit Eiweiß bestreichen und mit Kokosraspeln bestreuen. 2 Esslöffel Butterschmalz in einer beschichteten Pfanne erhitzen und die panierten Bananen bei milder Hitze goldgelb braten.
4. Die Bananen herausnehmen. Das restliche Butterschmalz erhitzen.
5. Den Milchreis auf den beiden Tellern verteilen. Jeweils 1 gebackene Banane dazugeben und mit etwas Butterschmalz beträufeln. Zum Schluss mit etwas Zimt bestreuen und mit einigen Minzeblättchen garnieren.

Tofu-Orangen-Creme

164 kcal, 687 kJ, 14,8 g KH, 11,9 g EW, 5,7 g F, 3,4 g B pro Portion

Zutaten für 2 Portionen

2 Orangen (unbehandelt)
200 g Tofu
1 kleiner Granatapfel
2–3 EL Zitronensaft

So wird's gemacht

1. 1 Orange heiß abwaschen, abtrocknen, einige Schalenstreifen abschneiden und beiseite legen. Beide Früchte wie einen Apfel schälen und dabei auch die weiße bittere Haut entfernen.
2. Die Orangen filettieren (siehe Seite 38). Den dabei anfallenden Saft auffangen. Die Fruchtrückstände gut ausdrücken.
3. Tofu und Orangensaft in ein Gefäß geben und pürieren.
4. Den Granatapfel halbieren und von einer Hälfte die saftigen Kerne herauslösen. Die andere Hälfte auspressen, zum Tofu geben und alles zu einer leichten Creme verrühren.
5. Die Hälfte der Orangenfilets auf 2 Tellern ringförmig anordnen. Die restlichen Filets würfeln und unter die Tofucreme rühren. Zum Schluss mit Zitronensaft pikant abschmecken.
6. Die Tofu-Orangen-Creme zu den Orangenfilets auf die Teller geben und mit den zurückbehaltenen Granatapfelkernen und einigen Schalenstreifen bestreuen.
   Nach Geschmack können Sie die Tofu-Creme mit einem Sahnetupfer garnieren.

Tipp:

Tofu wird aus getrockneten und pürierten Sojabohnen und einem Gerinnungsmittel hergestellt. Sie erhalten Tofu in Reformhäusern und Naturkostläden.

Gedünstete Äpfel mit Vanillequark

286 kcal, 1202 kJ, 38,2 g KH, 10,3 g EW, 7,7 g F, 4,2 g B pro Portion

Zutaten für 2 Portionen

2 große Äpfel
¼ l Apfelsaft
1 Stück Zimtstange
etwas Süßstoff
1 Eigelb
1 EL Zucker
1 P. Vanillezucker
100 g Quark (10 % F)
6 kleine Makronen (nach Belieben) oder italien. Amarettogebäck

So wird's gemacht

1. Die Äpfel vierteln, schälen und das Kerngehäuse herausschneiden.
2. Die Apfelviertel in nicht zu dünne Spalten schneiden und in dem Apfelsaft bei milder Hitze zusammen mit der Zimtstange knapp garen.
3. Die gedunsteten Äpfel vom Herd nehmen und 30 Minuten stehen lassen. Die Zimtstange entfernen und die Äpfel mit Süßstoff süßen.
4. Das Eigelb mit dem Zucker und dem Vanillezucker sehr schaumig rühren. Dann den Quark dazugeben und die Creme eventuell mit etwas Flüssigkeit von den gedünsteten Äpfeln cremig rühren.
5. Die Apfelspalten abwechselnd mit der Vanillecreme auf 2 Tellern anrichten und nach Belieben mit kleinen Gebäckstücken garnieren.

Tipp:

Zu der Vanillecreme schmecken ebenso gut gedünstete Birnen oder Quitten. Quitten sind nur wenige Wochen im Herbst auf den Märkten erhältlich. Quitten sind sehr hart. Ihre Garzeit beträgt 20–30 Minuten.

Dickmilch mit Himbeereis

211 kcal, 888 kJ, 38,2 g KH, 5,5 g EW, 2,7 g F, 7,2 g B pro Portion

Zutaten für 2 Portionen

150 g Dickmilch (1,5 % F)
80 ml weißer Traubensaft
1 EL Honig
150 g Himbeeren
2 EL Müsli ohne Zucker
2 Kugeln Himbeereis

So wird's gemacht

1. Die Dickmilch mit dem Traubensaft und dem Honig glatt rühren und auf 2 Schalen verteilen.
2. Die Himbeeren in die Dickmilch legen und mit dem Müsli bestreuen.
3. Vor dem Servieren in jede Schale eine kleine Kugel Fruchteis setzen.

Tipp:

Wenn Sie gerne Eis essen, dann bereiten Sie sich ein erfrischendes Jogurteis wie folgt zu:

1. 500 g Jogurt mit ½ Liter Milch bei milder Hitze einmal aufkochen lassen.
2. 8 Eigelbe mit 250 g Zucker sehr schaumig rühren und langsam das heiße Jogurt-Milch-Gemisch dazugießen.
3. Die Schüssel, möglichst mit rundem Bogen, in einen größeren Topf mit kochendem Wasser stellen und die Creme so lange im heißen Wasserbad rühren, bis sie dicklich geworden ist.
4. Zum Aromatisieren verwenden Sie 100 g beliebiges Fruchtpüree oder 5 Esslöffel intensiven Saft (z. B. von Orangen, Zitronen, Mandarinen, schwarzen Johannisbeeren). Das Eis am besten in einer Eismaschine gefrieren lassen.

Ohne Eismaschine füllen Sie die Jogurtcreme in einen Behälter, der in das Tiefkühlgerät gestellt wird. Etwa alle 30 Minuten sollten Sie die Creme durchrühren.

Nektarinen mit Vanilleeis

199 kcal; 836 kJ, 34,4 g KH, 3,6 g EW, 3,9 g F, 3,2 g B pro Portion

Zutaten für 2 Portionen

2 reife Nektarinen
8 EL eisgekühlte Diätlimonade
4 kleine Kugeln Vanilleeis
10 EL Cornflakes
einige Blättchen Zitronenmelisse

So wird's gemacht

1. Die gewaschenen Nektarinen halbieren und den Stein entfernen. Anschließend die Früchte in schmale Spalten schneiden und auf 2 Tellern anrichten.
2. Die eiskalte Limonade darüber gießen.
3. In die Mitte jedes Tellers 2 kleine Kugeln Vanilleeis setzen, mit den Cornflakes bestreuen und mit etwas Zitronenmelisse garnieren.

Marinierte Melonenkugeln

134 kcal, 560 kJ, 19,4 g KH, 1,8 g EW, 3,7 g F, 3,5 g B pro Portion

Zutaten für 2 Portionen

1 kg reife Wassermelone
2 EL Portwein
20 g Zartbitterschokolade
1 TL Puderzucker
1 Stiel Pfefferminze

So wird's gemacht

1. Die dunklen Kerne der Melone entfernen. Anschließend mit einem kleinen Kugelausstecher Kugeln ausstechen.
2. Die kleinen Melonenkugeln mit dem Portwein beträufeln und mindestens 2 Stunden in den Gefrierschrank stellen.
3. Die Melonenkugeln auf 2 Tellern verteilen. Die Schokolade grob darüber raspeln und mit etwas Puderzucker bestäuben.
4. Die Pfefferminzblättchen in schmale Streifen schneiden und zum Schluss über die eiskalten Melonenkugeln streuen.

Apfelschmaus zum Dippen

303 kcal, 1271 kJ, 40,7 g KH, 5,4 g EW, 11,6 g F, 6,8 g B pro Portion

Zutaten für 4 Portionen

80 g Zartbitterschokolade
2 EL fettarme Milch
2 Becher Jogurt (1,5 % F)
2 EL gemahlene Haselnüsse
1 P. Vanillezucker
Saft von 1 Zitrone
1 EL Honig
etwas Zimt
800 g Äpfel, verschiedene Arten
2 EL Cornflakes

So wird's gemacht

1. Die Schokolade grob hacken, bei milder Hitze in der Milch auflösen und in ein Schälchen gießen.
2. Die beiden Jogurt auf 2 Schälchen verteilen. Die gemahlenen Haselnüsse und den Vanillezucker mit einem Becher Jogurt verrühren und mit etwas Zitronensaft pikant abschmecken.
3. Den anderen Jogurt mit Zitronensaft, Honig und etwas Zimt mischen. Den Haselnussjogurt mit einigen gemahlenen Haselnüssen und den Zitronenjogurt mit etwas Zimt garnieren.
4. Die gewaschenen Äpfel vierteln, das Kerngehäuse herausschneiden und die Äpfel in schmale Spalten schneiden. Anschließend sofort mit etwas Zitronensaft beträufeln und auf einem großen Teller anrichten.
6. Die Cornflakes über die Äpfel streuen.
7. Die Apfelspalten werden in die verschiedenen Dips getaucht.

Apfeltraum

*162 kcal, 678 kJ, 33 g KH,
3 g EW, 2 g F, 5 g B pro Portion*

Zutaten für 4 Portionen

4 aromatische Äpfel
2–3 EL Zitronensaft
1 Eiweiß
1 P. Vanillezucker
4 EL kernige Haferflocken
(z. B. von Kölln)
1 EL Honig
2 EL Apfelsaft

So wird's gemacht

1. Die Äpfel schälen, vierteln, das Kerngehäuse entfernen. Die Apfelviertel würfeln, mit Zitronensaft sowie etwas Wasser mischen und 5 Minuten köcheln lassen.
2. Die gedämpften Äpfel pürieren.
3. Das Eiweiß mit dem Vanillezucker sehr steif schlagen und 2 Esslöffel abgekühltes Apfelmus darunterziehen.
4. Für die Röstflocken die kernigen Haferflocken in einer Pfanne ohne Fett rösten bis sie duften. Anschließend unter ständigem Rühren den Honig sowie den Apfelsaft hinzufügen. Die Röstflocken auf Pergamentpapier abkühlen lassen.
5. Das Apfelpüree auf 4 Dessertschalen verteilen. Den Apfelschnee daraufgeben und zum Schluss alles mit Apfel-Röstflocken bestreuen.

Tipp:

Statt der Röstflocken können Sie diese Zwischenmahlzeit auch mit zartem Mandelkrokant garnieren. Dafür statt der Haferflocken die gleiche Menge Mandeln in einer Pfanne ohne Fett rösten und zum Schluss 1 Esslöffel Zucker darüberstreuen. Sobald der Zucker geschmolzen ist, den Mandelkrokant auf eingeöltem Pergamentpapier abkühlen lassen.

Buttermilchkaltschale mit Früchten

307 kcal, 1290 kJ, 50,3 g KH, 11,6 g EW, 5,0 g F, 3,2 g B pro Portion

Zutaten für 2 Portionen

½ l Buttermilch
1 kleines Eigelb
3 TL Speisestärke (z. B. Mondamin)
50 g Zucker
etwas Schale einer unbehandelten Zitrone
Saft von ½ Zitrone
1 Kiwi
1 Karambole (Sternfrucht)
50 g rote Johannisbeeren

So wird's gemacht

1. Die Buttermilch mit Eigelb, Speisestärke, Zucker und abgeriebener Zitronenschale verrühren und zum Kochen bringen. Einmal aufkochen und dann abkühlen lassen. Während des Abkühlens die Buttermilch öfter umrühren. Anschließend mit Zitronensaft abschmecken.
2. Die Kiwi schälen und in dicke Scheiben schneiden.
3. Von der Karambole die dunklen Streifen entfernen. Anschließend die Frucht in dünne Scheiben schneiden.
4. Die gewaschenen Johannisbeeren gut abtropfen lassen und dann von den Rispen zupfen.
5. Die Buttermilchkaltschale im Kühlschrank mindestens 2 Stunden durchziehen lassen. Dann auf 2 Tellern verteilen und mit den Früchten dekorieren.

Tipp:

Wenn Sie zu dieser erfrischenden Buttermilchkaltschale eine Scheibe Vollkornbrot oder ein Vollkornbrötchen reichen, erhalten Sie ein sättigendes und vitaminreiches Abendessen für heiße Sommertage.

Erdbeerkaltschale

157 kcal, 660 kJ, 26,4 g KH, 5,3 g EW, 2,4 g F, 2,8 g B pro Portion

Zutaten für 2 Portionen

250 g Erdbeeren
3 TL Zucker
1 P. Vanillezucker
125 g Jogurt (1,5 % F)
150 g Dickmilch (1,5 % F)
2–3 EL Zitronensaft
Sahnetupfer
Melisseblättchen

So wird's gemacht

1. Die Erdbeeren putzen, waschen und gut abtropfen lassen. 2–3 Erdbeeren in Spalten schneiden und beiseite legen. Den Rest grob würfeln und mit dem Zucker und Vanillezucker bestreuen.
2. Die Erdbeeren etwa 15 Minuten ziehen lassen, dann pürieren.
3. Den Jogurt mit der Dickmilch glatt rühren und das Erdbeerpüree dazugeben.
4. Die Erdbeerkaltschale mit Zitronensaft abschmecken und im Kühlschrank mindestens 2 Stunden durchkühlen lassen.
5. Die Erdbeerkaltschale auf 2 Tellern verteilen. Mit den zurückgelegten Erdbeerspalten und nach Belieben mit einigen Sahnetupfern und Melisseblättchen garnieren.

Tipps:

Kaltschalen aus frischen Früchten sind besonders vitaminreich, weil sie nicht erhitzt worden sind.
Für diese Kaltschale können Sie natürlich auch andere Früchte wie Himbeeren, Heidelbeeren, Brombeeren oder Kirschen verwenden.

Kräuterquark mit Spargel

122 kcal, 507 kJ, 7,8 g KH, 15,6 g EW, 2,0 g F, 2,0 g B pro Portion

Zutaten für 2 Portionen

200 g grüner Spargel
1 Kräuterling „Petersilie-Knoblauch"
200 g Magerquark
1 TL gehackte rote Chilischote
½ kleine Zwiebel
1 EL gehackte Gewürzgurke
½ Bund Kerbel
Salz
etwas Zitronensaft

So wird's gemacht

1. Von dem grünen Spargel nur das untere Drittel schälen. Die Stangen je nach Größe zwei- bis dreimal durchschneiden und in wenig Wasser zusammen mit dem Kräuterling 5 Minuten garen, dann abgießen und das Kochwasser dabei auffangen.
2. Die Spargelköpfe beiseite legen. Die restlichen Stangen in feine Scheibchen schneiden.
3. Den Magerquark mit etwas Spargelkochwasser cremig rühren. Die Chilischote, die Zwiebel- und Gurkenwürfel dazugeben und zum Schluss den klein gehackten Spargel unterheben.
4. Den Kerbel grob hacken und zum Quark geben. Anschließend mit Salz und etwas Zitronensaft pikant abschmecken.
5. Den Kräuterquark auf 2 Schälchen verteilen und mit den zurückgelegten Spargelköpfen garnieren.

Kräuterkefir

159 kcal, 666 kJ, 17 g KH, 7 g EW, 7 g F, 2 g B pro Portion

Zutaten für 2 Portionen

300 ml Kefir
1 Bund Petersilie
4 EL Kölln Instant-Flocken
Pfeffer aus der Mühle
Salz

So wird's gemacht

1. Den Kefir in einen Mixer gießen. Die Petersilie waschen, gut trockenschleudern und grob gehackt zum Kefir geben. Anschließend im Mixer oder mit dem Handrührgerät kräftig durchmixen.
2. Die Instant-Flocken einrühren und den Kräuterkefir mit Pfeffer und Salz pikant abschmecken. In 2 Gläser füllen und sofort anrichten. (Foto Seite 51)

Tomatenkefir

82 kcal, 338 kJ, 7,8 g KH, 5,0 g EW, 2,1 g F, 1,5 g B pro Portion

Zutaten für 2 Portionen

250 ml Kefir
3 reife Tomaten
1 Knoblauchzehe
1 Prise Zucker
Salz
einige Tropfen Tabasco
2–3 EL Zitronensaft
einige Thymianblättchen

So wird's gemacht

1. Den Kefir in einen Mixer schütten.
2. Von den Tomaten den grünen Stielansatz herausschneiden. Die Früchte kurz in kochendes Wasser tauchen, enthäuten, entkernen und das Fruchtfleisch grob würfeln. Tomatenwürfel zum Kefir geben.
3. Die Knoblauchzehe schälen, grob hacken und zusammen mit Zucker, Salz und einigen Tropfen Tabasco ebenfalls zum Kefir geben und alles kräftig durchmixen.
4. Den Tomatenkefir mit etwas Zitronensaft pikant abschmecken. Dann in Gläser füllen und mit den Thymianblättchen garnieren.

Paprikakefir

107 kcal, 445 kJ, 11,9 g KH, 6,4 g EW, 2,4 g F, 3,8 g B pro Portion

Zutaten für 2 Portionen

250 ml Kefir
2 gelbe Paprikaschoten
1 Zwiebel
Salz
Cayennepfeffer
2–3 EL Zitronensaft

So wird's gemacht

1. Den Kefir in einen Mixer gießen. Die Paprikaschoten putzen, waschen und grob würfeln, die geschälte Zwiebel grob hacken. Paprika- und Zwiebelwürfel zum Kefir geben und kräftig durchmixen. Nach Belieben durch ein feines Sieb streichen und nochmals schaumig aufmixen.
2. Den Paprikakefir mit Salz, Cayennepfeffer und Zitronensaft pikant abschmecken und sofort anrichten.

Bananen-Möhren-Cocktail

277 kcal, 1160 kJ, 45 g KH,
4 g EW, 9 g F, 3 g B pro Portion

Zutaten für 2 Portionen

2 Bananen
200 ml Möhrensaft
100 ml frisch gepresster Orangensaft
1 unbehandelte Zitrone
3 EL Kölln Instant-Flocken
1 EL Honig

So wird's gemacht

1. Die Banane schälen und mit einer Gabel zerdrücken.
2. Den Möhrensaft zusammen mit dem Orangensaft mischen und das Bananenmus dazugeben.
3. Die Zitrone heiß abwaschen und etwas Schale zum Saft reiben. Anschließend die Zitrone auspressen und den Saft zu den restlichen Zutaten gießen. Alles im Mixer oder mit dem elektrischen Handrührgerät verquirlen.
4. Die Instant-Flocken einrühren und den Cocktail mit etwas Honig süßen. Diesen Fitnesstrunk am besten kühl servieren.

Tipp:

Versuchen Sie diesen Cocktail anstatt mit Orangensaft auch einmal mit Maracuja- oder Ananassaft aus dem Reformhaus.

Bananenshake mit Schuss

150 kcal, 627 kJ, 23,1 g KH, 0,9 g EW, 0,2 g F, 3,3 g B pro Portion

Zutaten für 2 Portionen

1 reife Banane
150 ml Maracujasaft
2 cl Bananenlikör
2 cl weißer Rum

So wird's gemacht

1. Die Banane schälen, grob würfen und zusammen mit dem Maracujasaft im Mixer pürieren.
2. Den Bananenlikör und den weißen Rum zum Schluss unterrühren. Den Shake möglichst kalt servieren. (auf dem Foto vorne)

Tipp:

Zum Garnieren dieses aparten Shakes spießen Sie dicke Bananenscheiben und halbierte Kumquats (Zwergorangen) abwechselnd auf Cocktailspieße und legen diese quer über jedes Glas.

Sanddornkefir

258 kcal, 1082 kJ, 36,5 g KH, 10,0 g EW, 6,4 g F, 1,5 g B pro Portion

Zutaten für 2 Portionen

500 ml Kefir
8 EL ungesüßter Sanddornsaft (aus dem Reformhaus)
1 Orange
1 unbehandelte Zitrone
2–3 EL Honig
etwa 10 Minzeblättchen

So wird's gemacht

1. Den Kefir mit dem Sanddornsaft im Mixer oder mit dem elektrischen Handrührgerät kräftig durchschlagen.
2. Die Orange auspressen und den Saft zum Kefir geben. Die Zitrone heiß abwaschen und etwas Schale zum Kefir reiben.
3. Die Zitrone auspressen und den Saft ebenfalls zum Kefir geben.
4. Den Sanddornkefir mit dem Honig süßen. Die Minzeblättchen in Streifen schneiden und zum Schluss unterrühren. Den Sanddornkefir gut gekühlt in hohen Gläsern anrichten. (auf dem Foto hinten)

Bananen-Apfel-Drink

148 kcal, 618 kJ, 28,0 g KH,
4,6 g EW, 1,0 g F, 4,2 g B
pro Portion

Zutaten für 2 Portionen

200 ml frisch gepresster Apfelsaft
200 ml Buttermilch
1 reife Banane
Saft von 1 Zitrone
ein paar Melisseblättchen

So wird's gemacht

1. Den Apfelsaft mit der Buttermilch in einem hohen Gefäß verrühren.
2. Die Banane schälen, zerdrücken, zusammen mit dem Zitronensaft in den Mixer gießen und alles kräftig aufmixen.
3. Den Drink gut gekühlt in 2 hohen Gläsern anrichten und mit Melisseblättchen garnieren.
(Foto Seite 55)

Buttermilch-Malz-Shake

237 kcal, 982 kJ, 30,1 g KH,
15,2 g EW, 6,1 g F, 2,3 g B
pro Portion

Zutaten für 2 Portionen

300 ml Buttermilch
2 EL Honig
3 EL Malzextrakt
(aus dem Reformhaus)
1 Eigelb
4 EL Weizenkeime
(aus dem Reformhaus)

So wird's gemacht

1. Die Buttermilch mit dem Honig und dem Malzextrakt verrühren.
2. Das Eigelb zur Buttermilchcreme geben und die Masse im Mixer oder mit dem elektrischen Handrührgerät schaumig aufschlagen.
3. Die Hälfte der Weizenkeime unterrühren und den Shake gut gekühlt in hohen Gläsern anrichten. Vor dem Servieren mit den restlichen Weizenkeimen bestreuen.

Müslidrink

272 kcal, 1140 kJ, 48,6 g KH,
7,8 g EW, 3,7 g F, 6,0 g B
pro Portion

Zutaten für 2 Portionen

1 reife Banane
1 kleiner Apfel
300 ml fettarme Milch
Saft von 1 Orange
1 EL Akazienhonig
2 EL Fertigmüsli

So wird's gemacht

1. Die Banane schälen und mit einer Gabel zerdrücken. Den Apfel ebenfalls schälen, vierteln und das Kerngehäuse herausschneiden. Den Apfel fein zur zerdrückten Banane reiben.
2. Das Fruchtpüree mit der Milch im Mixer oder mit dem elektrischen Handrührgerät kräftig durchrühren.
3. Den Orangensaft, den Akazienhonig und bis auf 1 Esslöffel die Müslimischung darunter rühren und den Drink in Gläsern anrichten. Zum Schluss mit dem zurückbehaltenen Müsli bestreuen.
(Foto Seite 54)

Birnenbuttermilch

150 kcal, 639 kJ, 30,0 g KH,
6,6 g EW, 1,0 g F, 3,9 g B
pro Portion

Zutaten für 2 Portionen

300 ml Buttermilch
1 große reife Birne
50 ml Birnendicksaft
(aus dem Reformhaus)
etwas grüner Minzsirup oder
Pfefferminzlikör (nach Belieben)

So wird's gemacht

1. Die gut gekühlte Buttermilch in ein hohes Gefäß gießen.
2. Die Birne schälen, vierteln, das Kerngehäuse herausschneiden, das Fruchtfleisch grob würfeln. Anschließend mit dem Birnendicksaft zur Buttermilch geben und im Mixer oder mit dem elektrischen Handrührgerät schaumig aufschlagen.
3. Die Birnenbuttermilch gut gekühlt in hohen Gläsern anrichten und nach Belieben einige Tropfen Pfefferminzsirup oder Pfefferminzlikör auf die Gläser verteilen.

Sojaöl

Frische Salate & kernige Rohkost

Salate und Rohkost sollten täglich auf dem Tisch stehen. Wer sagt, dass nur Kopfsalat, Gurke und Tomate in die Salatschüssel gehören? Es gibt heute auf den Märkten und im Supermarkt ein großes Angebot an vielfältigen Blattsalaten und würzigen Kräuter- und Sprossenmischungen, aber auch an Fruchtgemüse wie Paprika, Tomate, Gurke, Fenchel, an Wurzeln und Knollen, die die täglichen Speisefolgen auf vielfältige Weise bereichern. Auf den folgenden Seiten finden Sie nicht nur verlockende Salate und Rohkostplatten, wir haben auch raffinierte Gerichte aus der grünen Küche ausprobiert und für Sie aufgeschrieben.

Bunter Sprossensalat

263 kcal, 1100 kJ, 23,1 g KH, 11,0 g EW, 12,5 g F, 6,1 g B pro Portion

Zutaten für 2 Portionen

1 TL Instant-Gemüsebrühe
50 g Dinkelkörner
1 rote Paprikaschote
50 g Alfalfasprossen
50 g Kresse
50 g Feta (griech. Schafskäse)
50 g Maiskörner (aus der Dose)
Für das Dressing:
3 EL Weißweinessig
1 EL Keimöl
½ TL scharfer Senf
Salz
Pfeffer aus der Mühle

So wird's gemacht

1. 150 Milliliter Wasser mit der Gemüsebrühe zum Kochen bringen und den Dinkel einstreuen. Im geschlossenen Topf bei milder Hitze etwa 20 Minuten garen. Die Dinkelkörner neben dem Herd 15 Minuten nachquellen lassen.
2. Den gegarten Dinkel abtropfen und abkühlen lassen. Die Paprikaschote halbieren, die weißen Trennwände sowie die Kerne entfernen und die Hälften waschen. Die Paprikaschote in kleine Würfel schneiden.
3. Alfalfasprossen mit gut 1 Liter kochendem Wasser übergießen und gut abtropfen lassen. Die Kresse abspülen und trocken schleudern.
4. Den Feta in kleine Würfel schneiden, den Mais abgießen.
5. Die Dinkelkörner mit der gewürfelten Paprikaschote sowie den restlichen Salatzutaten in einer Schüssel mischen.
6. Für das Dressing alle Zutaten miteinander verrühren und mit dem Salat mischen.

Tipp:

Sprossen können Sie sich leicht selbst zu Hause ziehen. In Reformhäusern und Naturkostläden werden verschiedene Geräte zum Keimen angeboten. Zum Keimen geeignet sind Adzukibohne, Alfalfa, Bockshornklee, Buchweizen, Erbsen, Gerste, Hafer, Hirse, Kichererbse, Kresse, Kürbiskern, Leinsamen, Linse, Mais, Mungobohne, Rettich, Roggen, Senf, Sesam, gelbe Sojabohne, Sonnenblumenkern und Weizen. Die Keimdauer beträgt 3 bis max. 7 Tage. Alle Samen benötigen zum Keimen ein feuchtes, aber kein nasses Milieu, eine gleichmäßige Temperatur zwischen 18 und 22 °C, ausreichend Sauerstoff und kein direktes Licht. Alle Samen werden morgens und abends einmal kurz unter kaltem Wasser abgespült, und es kommt frisches Wasser in das Keimgerät. Der besseren Bekömmlichkeit wegen sollten gekeimte Hülsenfrüchte, Getreidekörner sowie Alfalfa kurz in kochendem Wasser ziehen oder mit kochendem Wasser übergossen werden.

Bunte Rohkostplatte

239 kcal, 1001 kJ, 17,7 g KH, 8,2 g EW, 13,9 g F, 5,9 g B pro Portion

Zutaten für 4 Portionen

2 Tomaten
1 kleiner Zucchino
1 gelbe Paprikaschote
1 rote Zwiebel
5 schwarze Oliven
½ Kopf Lollo Bianco (oder Kopfsalat)
150 g Kohlrabi
½ Birne
½ Kopf Radicchio
1 Apfel
2 Möhren
½ Bund Rucola

Für die Saucen:

1 Beutel Salat Krönung „Italienische Art"
1 EL Olivenöl (von Mazola)
1 Becher Magermilchjogurt
1 EL gehackte Petersilie
30 g Gorgonzola
100 g Dickmilch
1 EL Majonäse „Hellmann's Leichter Genuss"
1 EL Zitronensaft
Salz
Pfeffer aus der Mühle
Curry
1 EL gehackte Erdnüsse

So wird's gemacht

1. Die Tomaten waschen und den grünen Stielansatz herausschneiden. Anschließend die Tomaten achteln. Den gewaschenen Zucchino in hauchdünne Scheiben schneiden, die geputzte Paprikaschote in sehr schmale Streifen und die geschälte Zwiebel in Streifen schneiden.
2. Das Fruchtfleisch der Oliven in Spalten vom Stein schneiden. Alle Zutaten miteinander mischen.
3. Die geputzten und trockengeschleuderten Salatblätter auf einer großen Platte anrichten und die Tomaten-Zucchino-Paprika-Mischung darauf verteilen.
4. Den Kohlrabi schälen und dabei alle holzigen Stellen entfernen. Anschließend in hauchdünne Scheiben hobeln. Die Birne vierteln, das Kerngehäuse entfernen und das Fruchtfleisch in dünne Scheiben schneiden. Den Radicchio grob zerteilen, waschen, trockenschleudern und ebenfalls auf der Platte anrichten. Die Kohlrabi- und Birnenscheiben dazugeben.
5. Den Apfel und die Möhren schälen und grob raspeln. Rucola waschen, trockenschleudern und in feine Streifen schneiden. Apfel, Möhren und Rucola mischen und ebenfalls auf der Rohkostplatte anrichten.
6. Die „Italienischen Kräuter" mit 3 Esslöffel Wasser und dem Olivenöl verrühren und über die Tomaten-Zucchini-Paprika-Mischung gießen.
7. Den Jogurt mit der Petersilie und dem durch ein Sieb gedrückten Gorgonzolakäse mischen und über die Birnen löffeln.
8. Die Dickmilch mit der Majonäse verrühren. Anschließend mit Salz, Pfeffer, Zitronensaft und Curry mischen. Über die Möhren-Apfel-Rohkost geben und zum Schluss mit den gehackten Erdnüssen bestreuen.

Rohkost mit 3 Dips

198 kcal, 829 kJ, 18 g KH,
9 g EW, 10 g F, 5 g B pro Portion

Zutaten für 4 Portionen

1 kg gemischtes Gemüse
(Möhren, Fenchel, Schikoree, Salatgurke, Paprikaschoten, Kohlrabi, Bleichsellerie usw.)

Für den Avocadodip:
1 reife Avocado
1 Becher Jogurt (1,5% F)
5 EL Magermilch
2 EL Kölln Instant-Flocken
1 Knoblauchzehe
1 EL Zitronensaft
Salz
Pfeffer aus der Mühle

Für den Kräuterdip:
50 g saure Sahne (10% F)
3 EL Magermilch
1 TL Zitronensaft
3 EL Kölln-Instant-Flocken
1 Bund gemischte Kräuter
Salz
Pfeffer aus der Mühle

Für den Tomatendip:
2 Tomaten
100 g Magerquark
100 g Jogurt (1,5% F)
3 EL Kölln Instant-Flocken
Salz
Pfeffer aus der Mühle
1 Knoblauchzehe

So wird's gemacht

1. Das Gemüse putzen, waschen, nach Bedarf schälen (beim Schikoree den unteren bitteren Teil herausschneiden) und in Streifen, Scheiben, Ringe oder Stücke schneiden und auf einer großen Platte dekorativ anrichten.
2. Für den ersten Dip die Avocado der Länge nach halbieren, den Kern entfernen. Das Fruchtfleisch mit einem Löffel herauslösen und mit einer Gabel zerdrücken. Das Avocadomus mit dem Jogurt, der Milch, den Instant-Flocken und der gehackten Knoblauchzehe verrühren. Anschließend mit Zitronensaft, Salz und Pfeffer pikant abschmecken.
3. Für den Kräuterdip die saure Sahne mit dem Jogurt, dem Zitronensaft, den Instant-Flocken und den gehackten Kräutern verrühren. Dann mit Salz und Pfeffer pikant abschmecken.
4. Für den dritten Dip von den Tomaten den grünen Stielansatz entfernen. Die Früchte kurz in kochendes Wasser halten, herausnehmen, enthäuten und das Fruchtfleisch fein würfeln.
5. Den Magerquark mit dem Jogurt und den Instant-Flocken glatt rühren, die Tomaten dazugeben und alles mit Salz, Pfeffer und der gehackten Knoblauchzehe würzen.
6. Die 3 gut gekühlten Dips zusammen mit dem gemischten Gemüse anrichten.

Tipp:

Für Rohkost muss das Gemüse so frisch wie möglich sein. Bereiten Sie es erst kurz bevor Sie es servieren zu, damit nicht zu viele Vitamine verloren gehen.

Fitmacher-Salat

394 kcal, 1654 kJ, 57,9 g KH, 13,4 g EW, 9,9 g F, 12,9 g B pro Portion

Zutaten für 2 Portionen

1 Dose Maiskörner (425 ml)
200 g Zucchini
1 große Tomate
1 Apfel
1 kleiner Kopfsalat
Für das Dressing:
1 Btl. Salat-Krönung „Jogurt Sauce Dill"
125 g Jogurt (1,5 % F)
2 Scheiben Vollkornbrot
2 EL Halbfettbutter
2 EL Schnittlauchröllchen

So wird's gemacht

1. Die Maiskörner abgießen und gut abtropfen lassen. Die Zucchini waschen, putzen und in dünne Scheiben schneiden.
2. Die Tomate waschen und den grünen Stielansatz entfernen und die Frucht achteln. Den gewaschenen Apfel vierteln, das Kerngehäuse herausschneiden und die Apfelviertel in dünne Spalten schneiden.
3. Den Salat putzen, waschen und trockenschleudern. Alle Salatzutaten auf 2 Tellern hübsch anrichten.
4. Für das Dressing die Salat-Krönung mit dem Jogurt verrühren und über den Salat gießen.
5. Das Vollkornbrot mit der Halbfettbutter bestreichen und mit Schnittlauchröllchen bestreuen.

Tipp:

Versuchen Sie auch einmal die folgende Zusammenstellung: Salatblätter, Gurkenscheiben, Apfelwürfel, bunte Paprikastreifen und Zwiebelringe.

Schikoree mit Sellerie und Papaya

100 kcal, 418 kJ, 15,5 g KH, 4,7 g EW, 1,5 g F, 4,8 g B pro Portion

Zutaten für 2 Portionen

1 Stange Bleichsellerie
2 Stauden Schikoree
1 reife Papaya
Für das Dressing:
150 g Jogurt (1,5% F)
2 EL Zitronensaft
1 TL flüssiger Honig
½ TL scharfer Senf
Selleriesalz
Cayennepfeffer
2 EL Schnittlauchröllchen

So wird's gemacht

1. Den Bleichsellerie putzen, waschen und abfädeln. Dann in dünne Scheiben schneiden.
2. Den Schikoree von den äußeren Blättern befreien, den bitteren, unteren Teil keilförmig herausschneiden. Die Schikoreekolben klein schneiden.
3. Die Papaya halbieren und die kleinen schwarzen Kerne herauslöffeln, die Fruchthälften schälen und in dünne Scheiben schneiden. Alle Salatzutaten mischen.
4. Für das Dressing den Jogurt mit Zitronensaft, Honig und Senf glatt rühren, mit Selleriesalz, Cayennepfeffer und Schnittlauchröllchen würzen und über den Salat gießen.

Tipp:

Die birnenförmigen Papayas haben eine grün-gelbliche Schale. Erst wenn das Fruchtfleisch auf Fingerdruck leicht nachgibt, schmeckt die Frucht aromatisch. Bei Zimmertemperatur reifen Papayas schnell nach.

Fruchtiger Schikoreesalat

253 kcal, 1060 kJ, 33,0 g KH, 7,5 g EW, 8,4 g F, 7,5 g B pro Portion

Zutaten für 2 Portionen

2 große Kolben Schikoree
1 großer Apfel
2 Orangen
100 g Jogurt (1,5 % F)
1 TL flüssiger Honig
etwas Zitronensaft
1 EL gemahlene Haselnüsse
2 EL Blütenzarte Köllnflocken

So wird's gemacht

1. Von den Schikoreekolben die äußeren Blätter vorsichtig lösen, waschen und trockentupfen. Den bitteren, unteren Teil herausschneiden und den Rest in feine Streifen schneiden.
2. Den gewaschenen Apfel vierteln, das Kerngehäuse herausschneiden und die Apfelviertel klein schneiden.
3. Die Orangen wie einen Apfel schälen und dabei auch die weiße bittere Haut entfernen. Mit einem scharfen Messer zwischen die Trennwände schneiden, die Filets herauslösen und würfeln. Den dabei anfallenden Saft auffangen, die Fruchtrückstände ausdrücken.
4. Den Jogurt mit etwas Orangensaft, Zitronensaft, dem Honig, den Haselnüssen und einem Esslöffel Haferflocken glatt rühren, Schikoree und Früchte dazugeben, den Salat in die Schikoreeblätter füllen und mit den restlichen Haferflocken bestreuen.

Tipps:

Diese Rohkost können Sie auch in ausgehöhlte Orangenschalen oder Tomaten füllen.
Für ein kaltes Buffet schneiden Sie alle Zutaten etwas kleiner und richten den Salat als Appetithappen in Schinken- oder Roastbeefröllchen an.

Tomatensalat mit Gurkenmousse

489 kcal, 2044 kJ, 35,7 g KH, 19,9 g EW, 27,0 g F, 8,2 g B pro Portion

Zutaten für 4 Portionen

500 g Tomaten
100 g Champignons
1 Zwiebel
2 EL Rotweinessig
3 EL Olivenöl
Salz
Pfeffer aus der Mühle
Für die Mousse:
1 Salatgurke
1 EL Salz
300 ml Instant-Gemüsebrühe
150 g kernige Haferflocken (z. B. von Kölln)
8 Blatt weiße Gelatine
100 g gemischte Kräuter (Schnittlauch, Zitronenmelisse, Dill, Kerbel, Kresse)
200 g fettarmer Frischkäse
2 EL Essig-Essenz
100 g Schlagsahne (28 % F)
2 Eiweiß

So wird's gemacht

1. Die Tomaten waschen, den grünen Stielansatz herausschneiden, trockenreiben und in Scheiben schneiden.
2. Die Champignons mit einem feuchten Tuch abreiben, die Stiele etwas kürzen. Anschließend die Pilze ebenfalls in Scheiben schneiden und das Gemüse auf 4 Tellern anrichten.
3. Für das Dressing die Zwiebel schälen, hacken, mit dem Essig und dem Olivenöl verrühren und mit Salz und Pfeffer würzen. Anschließend über die Tomaten gießen.
4. Die Gurke schälen, fein reiben und mit dem Salz bestreuen.
5. Die Brühe einmal aufkochen lassen, die kernigen Haferflocken hinzufügen und auf kleiner Hitze 30 Minuten quellen lassen.
6. Die Haferflocken abgießen und dabei die Brühe auffangen.
7. Die Gelatine 10 Minuten in kaltem Wasser einweichen, gut ausdrücken und in der heißen Brühe auflösen.
8. Die Kräuter hacken. 2 Esslöffel gehackte Kräuter für die Dekoration beiseite legen. Den Rest in die Brühe geben.
9. Den Frischkäse glatt rühren und mit der Essig-Essenz in die kalte, aber noch nicht erstarrte Brühe rühren.
10. Die geriebene Gurke auf einem Sieb gut abtropfen lassen und zusammen mit den Haferflocken zum Frischkäse geben.
11. Die Sahne und das Eiweiß getrennt voneinander steif schlagen und nacheinander unterziehen. Die Masse in kleine Ringförmchen oder Kaffeetassen gießen und im Kühlschrank 2 Stunden fest werden lassen.
12. Die Mousse auf den Tomatensalat stürzen und mit den restlichen Kräutern garnieren.

Tipp:

Beim Kochen mit Gelatine ist zu beachten, dass sie zunächst immer in kaltem Wasser eingeweicht werden muss und anschließend in heiße Flüssigkeit gerührt wird. Wird Gelatine in kochende Flüssigkeit eingerührt, dann wird sie nicht fest.

Griechischer Bauernsalat

277 kcal, 1160 kJ, 6,2 g KH, 9,0 g EW, 22,5 g F, 3,3 g B pro Portion

Zutaten für 2 Portionen

3 Tomaten
200 g Salatgurke
80 g Feta (griech. Schafskäse)
1 Zwiebel
6 schwarze Oliven
Für das Dressing:
2 EL Olivenöl (z. B. von Mazola)
2 EL Weißweinessig
1 Knoblauchzehe
Salz
Pfeffer aus der Mühle
1 EL gehackte Petersilie
1 EL gehackter Dill

So wird's gemacht

1. Die Tomaten waschen und den grünen Stielansatz herausschneiden. Anschließend die Tomaten achteln.
2. Die Gurke schälen, halbieren und nach Belieben die Kerne mit einem Teelöffel herausschaben. Anschließend die halbierte Gurke in nicht zu dünne Scheiben schneiden und mit den Tomaten mischen.
3. Den Feta mit einer Gabel zerkleinern. Die geschälte Zwiebel in Ringe schneiden. Beides zusammen mit den Oliven zu den übrigen Salatzutaten geben.
4. Für das Dressing das Olivenöl mit dem Essig verrühren, mit der gehackten Knoblauchzehe, Salz, Pfeffer sowie den gehackten Kräutern vermischen und über den Salat gießen.

Tipp:

Wollen Sie für Ihren Salat Öl einsparen, dann verrühren Sie die Hälfte des Öls mit Gemüsebrühe.

Avocadoschiffchen mit Erdbeeren und Eis

239 kcal, 1413 kJ, 18,5 g KH, 6,8 g EW, 23,4 g F, 4,2 g B pro Portion

Zutaten für 2 Portionen

1 reife Avocado
3 EL Zitronensaft
200 g reife Erdbeeren
200 g Diätvanilleeis (von Natreen)

So wird's gemacht

1. Die Avocado längs aufschneiden und durch eine leichte gegensätzliche Drehung halbieren. Den Kern entfernen und die Schnittflächen mit Zitronensaft beträufeln.
2. Die Avocado mit Hilfe des Sparschälers schälen und ebenfalls von außen mit Zitronensaft beträufeln, damit sie sich nicht verfärbt.
3. Die Erdbeeren putzen, waschen, gut abtropfen lassen und anschließend in schmale Spalten schneiden.
4. Die Erdbeeren in die Avocadoschiffchen füllen und zusammen mit je 2 kleinen Kugeln Vanilleeis anrichten.

Tipp:

Diese köstliche Rohkost schmeckt nur, wenn die Zutaten wirklich reif und aromatisch sind. Eine reife Avocado erkennen Sie daran, dass das Fruchtfleisch auf Fingerdruck leicht nachgibt. Wenn die Frucht noch unreif ist, können Sie sie in Zeitungspapier wickeln, dann ist sie in wenigen Tagen butterzart. Sobald die Avocado den richtigen Reifegrad erreicht hat, können Sie die feste dunkelgrüne Haut leicht abziehen.

Käse auf pfeffrigen Erdbeeren

251 kcal, 1052 kJ, 10,8 g KH, 16,0 g EW, 11,8 g F, 2,8 g B pro Portion

Zutaten für 2 Portionen

250 g Erdbeeren
125 g fettarmer Brie (oder Camembert)
grob gemahlener schwarzer Pfeffer
etwas Schale einer unbehandelten Orange
4 cl weißer Portwein

So wird's gemacht

1. Die Erdbeeren putzen, waschen und gut abtropfen lassen. Je nach Größe vierteln oder halbieren.
2. Den Käse in kleine Würfel schneiden.
3. Die Erdbeeren mit etwas Pfeffer und abgeriebener Orangenschale mischen. Dann den gewürfelten Käse dazugeben und auf 2 Tellern verteilen.
4. Den Portwein vorsichtig über die pfeffrigen Erdbeeren und den Käse gießen und zum Schluss noch einmal alles mit grob gemahlenem schwarzen Pfeffer bestreuen.

Tipps:

Vollaromatische Erdbeeren harmonisieren sehr gut mit Käse, Sellerie, Avocado und Pfeffer. Die Gerichte auf dieser Doppelseite können Sie auch sehr gut mit eingelegten grünen Pfefferkörnern würzen. Das sieht nicht nur gut aus, sondern hat auch einen aparten Geschmack.

Brokkolisalat mit geröstetem Sesam

237 kcal, 994 kJ, 6,8 g KH, 10,0 g EW, 17,7 g F, 5,6 g B pro Portion

Zutaten für 4 Portionen

2 Eier
400 g Brokkoli
Salz
2 Schalotten
100 g Kirschtomaten
3 EL Sojaöl
3 EL Weißweinessig
1 TL scharfer Senf
weißer Pfeffer aus der Mühle
1 Bund Schnittlauch
2 EL Sesam

So wird's gemacht

1. Die beiden Eier 10 Minuten kochen, kalt abschrecken, pellen und abkühlen lassen.
2. Den Brokkoli waschen und gut abtropfen lassen. Die Brokkoliköpfe von den Stielen trennen. Die Stiele schälen und fein würfeln. Große Brokkoliköpfe zerkleinern.
3. Zunächst die zerkleinerten Brokkolistiele in wenig Salzwasser knapp garen. Dann die Brokkoliröschen hinzugeben und alles weitere 5 Minuten köcheln lassen, dann abgießen und mit kaltem Wasser abschrecken.
4. Die Schalotten schälen und sehr fein hacken. Die Kirschtomaten waschen, vierteln, den grünen Stielansatz entfernen.
5. Das Sojaöl mit dem Weißweinessig und dem Senf verrühren. Dann mit Salz und Pfeffer würzen.
6. Die Eier in Würfel, den Schnittlauch in feine Röllchen schneiden.
7. Den abgekühlten Brokkoli mit den Tomaten, den Schalotten, den Eiern und dem Schnittlauch in einer Schüssel vorsichtig mischen und das Dressing darüber gießen. Den Salat 30 Minuten ziehen lassen. Dann auf 4 Tellern anrichten.
8. Die Sesamsaat in einer Pfanne ohne Fett goldbraun rösten, bis sie duften, sofort über den Salat streuen und anrichten.

Tipp:

Kaufen Sie frischen Brokkoli nur, wenn er dunkelgrün und die kleinen Röschen nicht geöffnet sind. Grünlichgelber und gelber Brokkoli ist überlagert, er hat viel von seinem Nährwert verloren. Greifen Sie lieber zu tiefgekühlter Ware. Tiefgekühltes Gemüse enthält häufig mehr Nährstoffe, weil es sofort nach dem Ernten verarbeitet wird.

Gemüsesalat mit Zwiebelbrötchen

401 kcal, 1686 kJ, 46,0 g KH, 22,9 g EW, 12,5 g F, 11,5 g B pro Portion

Zutaten für 4 Portionen

1 Beutel Mondamin Fix-Teig für frische Brötchen
2 EL Röstzwiebel
4 Eier
300 g Möhren
300 g Lauch
300 g Sellerieknolle
1 Kräuterling „Gartenkräuter"

Für das Dressing:

1 Beutel Salat-Krönung „Würzige Gartenkräuter"
2 EL Magermilch
150 g Magerquark
½ Bund Petersilie oder Kerbel

So wird's gemacht

1. Die Fix-Teig Backmischung und die Röstzwiebeln in einer Schüssel mischen, ⅛ Liter Wasser dazugießen und alles zu einem glatten Teig verkneten. Aus dem Teig 4 gleich große Brötchen formen. Auf ein mit Backpapier belegtes Backblech setzen und 30 Minuten an einem warmen Ort gehen lassen. Die Brötchen mit einem Messer kreuzweise etwa 5 Millimeter tief einschneiden.
2. Die Brötchen im vorgeheizten Backofen bei 220 °C (Gas: Stufe 4) 15–20 Minuten backen.
3. Die Eier 5–6 Minuten kochen, unter kaltem Wasser abschrecken, pellen und beiseite legen.
4. Das Gemüse putzen, waschen und in hauchdünne Stifte (Julienne) schneiden.
5. 70 Milliliter Wasser mit dem Kräuterling aufkochen und das Gemüse dazugeben. 5 Minuten köcheln lassen, dann abgießen und die Brühe dabei auffangen.
6. Für das Dressing die Salat-Krönung mit etwas Brühe, Milch, Quark und gehackten Kräutern verrühren und über die Gemüsestreifen geben.
7. Den Salat auf vier Tellern verteilen, die Eier halbieren und darauf setzen. Dazu die Zwiebelbrötchen reichen.

Tipp:

Das Gemüse für diesen Salat kann auch roh verzehrt werden. Dann sollte es aber ganz besonders gut gekaut werden, damit Sie keine Magenbeschwerden bekommen.

Erbsen-Kartoffel-Salat mit Garnelen

339 kcal, 1421 kJ, 31,5 g KH, 18,0 g EW, 13,4 g F, 7,5 g B pro Portion

Zutaten für 2 Portionen

150 g TK-Erbsen
200 g Kartoffeln
½ Kohlrabi
½ rote Paprikaschote
½ kleine Zwiebel
½ Bund Basilikum
100 g gekochte Garnelen
Für das Dressing:
2 EL Olivenöl
½ TL Essig-Essenz
3 EL Gemüsebrühe
Knoblauchsalz
Zucker
Pfeffer aus der Mühle

So wird's gemacht

1. Die tiefgefrorenen Erbsen in wenig Wasser 5 Minuten köcheln lassen, dann abgießen und gut abtropfen lassen.
2. Die Kartoffeln waschen und in wenig Wasser gar kochen, dann pellen und in dünne Scheiben schneiden. Den Kohlrabi schälen und in sehr dünne Stifte schneiden.
3. Die Paprikaschote waschen, die weißen Trennwände sowie die Kerne herausschneiden und anschließend fein würfeln.
4. Die Zwiebel schälen und sehr fein hacken. Das Basilikum waschen, trockenschleudern und in feine Streifen schneiden.
5. Zwiebel und Basilikum zu den restlichen Salatzutaten geben und alles vorsichtig mischen. Dann die gekochten Garnelen darüber verteilen.
6. Für das Dressing das Olivenöl mit der Essig-Essenz, Gemüsebrühe, Knoblauchsalz, etwas Zucker und Pfeffer würzen. Über die Zutaten gießen und 30 Minuten ziehen lassen.

Tipp:

Garnelen kommen in allen Weltmeeren vor. Die kleine, etwa 9 Zentimeter lange Krebsart mit dem langen Schwanz, die vorwiegend in der Nordsee vorkommt, wird auch als Krabbe oder Granat bezeichnet. Bei größeren Tieren sollten Sie den Rücken aufschneiden und den dunklen Darm entfernen.

Brokkoli-Kartoffel-Salat mit Schrimps

363 kcal, 1525 kJ, 33,0 g KH, 21,7 g EW, 13,5 g F, 11,2 g B pro Portion

Zutaten für 2 Portionen

300 g Salatkartoffeln
Salz
400 g Brokkoli
1 Zwiebel
125 g gekochte Schrimps
Für das Dressing:
2 EL Sojaöl
3 EL Weißweinessig
Salz
weißer Pfeffer aus der Mühle
Außerdem:
einige Blätter Endiviensalat

So wird's gemacht

1. Die gewaschenen Kartoffeln in wenig Salzwasser 25–30 Minuten garen, abgießen, pellen und abkühlen lassen.
2. Von den Brokkoli die Röschen abschneiden, die Stiele schälen und in Scheiben schneiden.
3. Zunächst die Stiele 5 Minuten in wenig Salzwasser garen. Dann die Brokkoliköpfe dazugeben und alles weitere 5 Minuten köcheln lassen. Das Gemüse abgießen und dabei die Kochflüssigkeit auffangen.
4. Die Zwiebel schälen und fein würfeln.
5. Die Kartoffeln in dünne Scheiben schneiden und mit den gehackten Zwiebeln und dem gekochten Brokkoli sowie den Schrimps in einer Schüssel mischen.
6. Für das Dressing das Öl mit dem Essig und etwas Gemüsekochwasser verrühren. Dann mit Salz und Pfeffer pikant abschmecken.
7. Das Dressing über die Salatzutaten gießen und 30 Minuten ziehen lassen.
8. Den Brokkoli-Kartoffel-Salat auf gewaschenen Endivienblättern anrichten und noch einmal mit etwas weißem Pfeffer bestreuen.

Tipp:

Viele Menschen vertragen keine rohen Zwiebeln. Garen Sie deshalb die Zwiebelwürfel in ganz wenig Wasser oder Gemüsebrühe, bis sie glasig sind. Abgekühlt können sie dann mit den restlichen Salatzutaten oder dem Dressing gemischt werden.

Italienischer Nudelsalat

383 kcal, 1603 kJ, 38,4 g KH, 14,1 g EW, 16,9 g F, 4,5 g B pro Portion

Zutaten für 4 Portionen

200 g bunte Nudeln (z. B. Penne)
1 EL Salz
1 EL Sojaöl
500 g Tomaten
125 g Mozzarella
1 Bund Basilikum
½ Bund Oregano

Für das Dressing:

3 EL Sojaöl
3 EL Kräuteressig
1 Zwiebel
Salz
Pfeffer aus der Mühle

So wird's gemacht

1. Die Nudeln in Salzwasser mit einem Schuss Sojaöl knapp garen, abgießen und gut abtropfen lassen.
2. Die Tomaten gründlich waschen, vierteln, den grünen Stielansatz herausschneiden und das Fruchtfleisch grob würfeln.
3. Den Mozzarella zwischen Küchenpapier etwas ausdrücken, dann ebenfalls würfeln und mit den Tomaten und den abgekühlten Nudeln in einer Schüssel mischen.
4. Die Kräuter waschen, trockenschleudern, bis auf einige Blätter zum Garnieren fein hacken und mit den Salatzutaten mischen.
5. Für das Dressing das Sojaöl mit dem Kräuteressig verrühren. Die Zwiebel sehr fein hacken und dazugeben. Anschließend mit Salz und Pfeffer pikant abschmecken.
6. Das Dressing über die Salatzutaten gießen und 30 Minuten ziehen lassen. Vor dem Servieren den Salat noch einmal mit Salz und Pfeffer abschmecken und mit den zurückgelegten Kräutern garnieren.

Gemüsepfanne provenzale

220 kcal, 921 kJ, 10,8 g KH, 5,2 g EW, 16,2 g F, 6,6 g B pro Portion

Zutaten für 2 Portionen

1 Zwiebel
1 Knoblauchzehe
2–3 EL Sojaöl
½ TL getrocknetes Thymian
1 kleine Aubergine
1 Zucchino
1 gelbe Paprika
100 g Okraschoten
1 kleine Fleischtomate
10 schwarze Oliven

So wird's gemacht

1. Die Zwiebel und die Knoblauchzehe schälen. Die Zwiebel in feine Ringe schneiden, die Knoblauchzehe fein hacken.
2. 2 Esslöffel Sojaöl in einer beschichteten Pfanne erhitzen und die Zwiebelringe darin weich, aber nicht braun schmoren. Dann den Knoblauch und Thymian hinzufügen.
3. Die Aubergine, den Zucchino und die Paprikaschote putzen, waschen und in nicht zu kleine Stücke schneiden. Zu den Zwiebeln geben und unter ständigem Rühren 15 Minuten schmoren lassen, eventuell etwas Wasser dazugießen.
4. Die Okraschoten waschen, den Stielansatz herausschneiden und zu dem Gemüse in die Pfanne geben, alles weitere 5 Minuten schmoren.
5. Von der Tomate den grünen Stielansatz herausschneiden. Die Tomate in kochendes Wasser tauchen, die Haut abziehen und entkernen. Das Fruchtfleisch nicht zu klein schneiden und zum Schluss mit den Oliven in der Gemüsepfanne erhitzen. Das Gemüse lauwarm mit Baguette servieren.

Tipps:

Dieses würzige Gemüsegericht können Sie je nach Geschmack mit geriebenem Hartkäse (Parmesan, Emmentaler) verfeinern.
Okraschoten enthalten eine schleimige Flüssigkeit, die beim Garen nicht austreten soll. Deshalb schälen Sie die Frucht am Stielansatz so, als wenn sie einen Bleistift anspitzen wollen.

Leichte Gerichte mit Fleisch & Geflügel

Fleischgerichte zählen immer noch zu den Favoriten, obwohl die Ernährung mit Fleisch in den letzten Jahren in die Diskussion geraten ist. Massentierhaltung, Aufzuchtmittel und Tierseuchen haben stark dazu beigetragen. Doch ist nichts gegen Fleisch und Geflügel zu sagen, das aus artgerechter Tierhaltung, also von einem kontrolliert-ökologisch arbeitenden Betrieb stammt. Die Ernährungswissenschaftler raten außerdem zu nicht mehr als zwei Fleisch-/Geflügelmahlzeiten pro Woche. Reichen Sie zu Ihren Fleischgerichten frische Salate, Gemüse und kohlenhydrathaltige Beilagen wie Kartoffeln, Vollkornnudeln, Vollkornreis oder andere gekochte Getreidearten.

Putenfrikadellen mit Gemüsesalat

389 kcal, 1628 kJ, 13,3 g KH, 41,7 g EW, 15,6 g F, 8,3 g B pro Portion

Zutaten für 2 Portionen

1 kleine Fenchelknolle (etwa 200 g)
200 g Möhren
200 g Zucchini
½ l Instant-Gemüsebrühe
1 unbehandelte Zitrone
Salz
Pfeffer aus der Mühle
Muskatnuss (frisch gerieben)
1 Lorbeerblatt
Für die Frikadellen:
250 g Putenschnitzel
1 Zwiebel
1 Ei
1 EL Magerquark
Salz
Pfeffer aus der Mühle
1 Prise Zimt
1 EL gehacktes Koriandergrün (oder Petersilie)
1 TL Butterschmalz
1 EL Keimöl

So wird's gemacht

1. Das Gemüse putzen, waschen und nicht zu klein schneiden.
2. Die Gemüsebrühe erhitzen. Die Zitrone heiß abwaschen und in Scheiben schneiden. Die Zitronenscheiben in die heiße Brühe geben, kräftig mit Salz, Pfeffer, Muskatnuss sowie Lorbeerblatt abschmecken und 10 Minuten köcheln lassen.
3. Zunächst die Möhren 5 Minuten in der Brühe köcheln lassen, dann den Fenchel hinzugeben und weitere 5 Minuten garen. Die Zucchini hinzufügen und alles noch einmal 5 Minuten kochen. Anschließend in der Brühe abkühlen lassen.
4. Inzwischen das Putenfleisch waschen, trockentupfen und fein zerkleinern.
5. Die Zwiebel schälen und sehr fein hacken. Anschließend mit Ei, Quark, Gewürzen und Kräutern mischen, zum Putenfleisch geben und alles vermengen.
6. Mit feuchten Händen 4 Frikadellen formen und 15 Minuten im Kühlschrank festwerden lassen.
7. In einer beschichteten Pfanne die Frikadellen im heißen Butterschmalz bei mittlerer Hitze auf jeder Seite 3–4 Minuten goldgelb braten.
8. Das lauwarme Gemüse aus der Brühe heben, mit dem Öl mischen und zusammen mit den Frikadellen anrichten.

Hähnchenflügel mit Tomaten und Knoblauch

432 kcal, 1806 kJ, 24,5 g KH, 36,5 g EW, 17,1 g F, 3,8 g B pro Portion

Zutaten für 2 Portionen

2 Knoblauchzehen
1 rote Chilischote
1 EL Honig
2 EL Weißwein
1 EL scharfer Senf
1 TL Kräuter der Provenze
schwarzer Pfeffer aus der Mühle
1 TL edelsüßes Paprikapulver
8 Hähnchenflügel
Salz
Außerdem:
6 gleich große Tomaten
2 Knoblauchknollen
½ Bund Thymian
1 Stiel Rosmarin
1 Stiel Salbei
2 EL Olivenöl

So wird's gemacht

1. Die Knoblauchzehen schälen und durch die Presse drücken. Die Chilischote halbieren, die Kerne entfernen. Anschließend waschen, trockentupfen und fein hacken.
2. Knoblauchzehen und Chilischoten mit dem Honig, dem Wein, dem Senf und den Kräutern der Provenze mischen, dann mit Pfeffer und Paprikapulver würzen.
3. Die Hähnchenflügel unter kaltem Wasser abspülen, trockentupfen und mit der Marinade bestreichen. Im Kühlschrank mindestens 2 Stunden lang zugedeckt ziehen lassen.
4. Inzwischen von den Tomaten den grünen Stielansatz herausschneiden. Anschließend in kochendes Wasser tauchen, herausnehmen und enthäuten.
5. Die Knoblauchknollen vorsichtig je in zwei Teile brechen.
6. Die Kräuter waschen, trockentupfen und grob hacken.
7. Das Öl in einer beschichteten Pfanne erhitzen und zunächst die Kräuter hineingeben. Dann die abgetropften Hähnchenflügel dazugeben und bei milder Hitze 5 Minuten braten. Nun die Knoblauchknollen und die Tomaten dazugeben und in der geschlossenen Pfanne bei milder Hitze 25–30 Minuten schmoren. Die Hähnchenflügel öfter umrühren und mit der Marinade bestreichen.
8. Servieren Sie dazu Vollkornbrötchen oder knuspriges Fladenbrot.

Tipp:

Diese würzigen Hähnchenflügel eignen sich auch sehr gut für die Gästebewirtung. Größere Mengen können Sie dann im Backofen zubereiten. Die Garzeit beträgt in diesem Fall etwa 40 Minuten.

Putenröllchen im Apfelbett

458 kcal, 1917 kJ, 35 g KH, 29 g EW, 18 g F, 5 g B pro Portion

Zutaten für 4 Portionen

4 dünne Putenschnitzel
Salz
Pfeffer aus der Mühle
6 EL kernige Haferflocken (z. B. von Kölln)
2 EL gehackte Haselnüsse
3 EL Butter
1 Zwiebel
2–3 TL Curry
200 ml Instant-Gemüsebrühe
1 Bund Petersilie
2 rotschalige Äpfel
2 rote Zwiebeln
¼ l Apfelsaft
1 EL Obstessig

So wird's gemacht

1. Die Putenschnitzel kurz unter kaltem Wasser abspülen und trockentupfen. Anschließend auf beiden Seiten mit Salz und Pfeffer bestreuen.
2. Für die Füllung die kernigen Haferflocken zusammen mit den Haselnüssen in 1 Esslöffel Butter in einer beschichteten Pfanne rösten. Die Zwiebel schälen, fein hacken und kurz mitdünsten.
3. Die Füllung mit Curry bestäuben und mit der heißen Brühe ablöschen. Das Ganze 10 Minuten quellen lassen, dann vom Herd nehmen und abgekühlt mit der gehackten Petersilie vermengen.
4. Die Füllung auf die 4 Putenschnitzel streichen, das Fleisch aufrollen und mit Küchengarn verschnüren oder mit Rouladennadeln feststecken.
5. Die restliche Butter in einer beschichteten Pfanne erhitzen und die Putenröllchen darin rundherum kräftig anbraten.
6. Die Äpfel schälen, vierteln und vom Kerngehäuse befreien. Anschließend die Apfelviertel in schmale Spalten schneiden. Die roten Zwiebeln schälen und in dünne Ringe schneiden.
7. Den Apfelsaft mit dem Obstessig erhitzen und die Äpfel und Zwiebel darin bei milder Hitze 15 Minuten garen. Dann mit Salz und Pfeffer würzen.
8. Die gebratenen Putenröllchen auf dem Apfelbett anrichten.
   Dazu schmeckt körniger Reis.

Tipp:

Anstatt Putenschnitzel können Sie für diese leckeren Röllchen auch dünne Kalbs- oder Schweineschnitzel nehmen.

Hähnchencurry

610 kcal, 2553 kJ, 70,9 g KH, 33,8 g EW, 17,9 g F, 11,3 g B pro Portion

Zutaten für 2 Portionen

100 g Vollkornreis
1 große Banane
1 Kiwi
300 g Lauch
200 g Hähnchenbrustfilet
3 TL Keimöl
1 Beutel Feinschmecker Currysauce (von Knorr)
1 EL Kokosflocken

So wird's gemacht

1. Den Reis so lange unter kaltem Wasser abspülen, bis das Wasser klar ist. 2 Liter Salzwasser zum Kochen bringen und den Reis darin 25–30 Minuten garen. Dann abgießen und warm halten.
2. Die Banane und die Kiwi schälen und in Scheiben schneiden. Den Lauch putzen, gründlich waschen und ebenfalls in Scheiben schneiden.
3. Das Hähnchenbrustfilet kurz unter kaltem Wasser abspülen, trockentupfen und in sehr schmale Streifen schneiden.
4. Das Öl in einer beschichteten Pfanne erhitzen und darin die Fleischstreifen bei großer Hitze rundherum 1 Minute anbraten, mit Salz bestreuen und herausnehmen.
5. 300 Milliliter Wasser in die Pfanne gießen, die Currysauce einrühren und 1 Minute köcheln lassen. Dann den Lauch hinzufügen und 5 Minuten garen. Nun die Banane, die Kiwi und das Fleisch dazugeben und alles 4–5 Minuten köcheln lassen.
6. Das Hähnchencurry noch einmal mit Salz und Pfeffer pikant abschmecken und mit dem Reis anrichten.

Tipp:

In den Regalen der Supermärkte finden Sie heute eine große Palette an Produkten, die Ihnen das Kochen erleichtern. Gerade wenn es schnell gehen soll, haben Sie mit diesen Hilfsmitteln in wenigen Minuten eine leckere Curry-, Pilz- oder Tomatensauce hergestellt.

Dicke Bohnen mit Zwiebeln und Speck

515 kcal, 2161 kJ, 59,3 g KH, 21,3 g EW, 18,9 g F, 7,6 g B pro Portion

Zutaten für 2 Portionen

350 g TK-Dicke Bohnen
1 TL Instant-Gemüsebrühe
etwas Bohnenkraut
40 g durchwachsener Speck
1 TL Keimöl
2 große Zwiebeln
3 EL Fix-Saucenbinder hell
1 EL saure Sahne (10 % F)
Salz
Cayennepfeffer

So wird's gemacht

1. Die Bohnen in 200 Milliliter Wasser mit der Instant-Brühe und etwas Bohnenkraut 10–15 Minuten garen. Die Bohnen abgießen und dabei das Kochwasser auffangen.
2. Den Speck sehr fein würfeln und in dem Öl knusprig braten. Anschließend aus der Pfanne nehmen und auf Küchenpapier abtropfen lassen.
3. Die Zwiebeln schälen, würfeln und in dem verbliebenen Speckfett in der Pfanne weich, aber nicht braun schmoren. Die geschmorten Zwiebeln mit den Bohnen mischen.
4. Für die Sauce die Bohnenkochflüssigkeit auf ¼ Liter auffüllen, erhitzen, den Saucenbinder einrühren und 1 Minute köcheln lassen. Zum Schluss die saure Sahne unterziehen und die Sauce mit den Bohnen mischen.
5. Das Gemüse mit Salz und Cayennepfeffer pikant abschmecken und die krossen Speckwürfel darüber streuen.
Servieren Sie gebratene Kartoffeln oder Salzkartoffeln dazu.

Tipp:

Dieses Bohnengemüse schmeckt noch pikanter, wenn Sie es zum Schluss mit einem Schuss Essig würzen.
Wenn Sie keinen Speck mögen, dann schneiden Sie etwa 100 Gramm Geflügelwürstchen in dünne Scheiben und braten sie auf beiden Seiten goldgelb.

Nudeln mit Frühlingsgemüse und Fleischstreifen

508 kcal, 2127 kJ, 48,3 g KH, 30,8 g EW, 17,8 g F, 8,5 g B pro Portion

Zutaten für 2 Portionen

1 Kohlrabi
2 Möhren
100 g grüne Bohnen
60 g Zuckerschoten
Salz
200 g Schweineschnitzel
1 Bund Frühlingszwiebeln
1 EL Butterschmalz (z. B. Butaris)
Knoblauchsalz
Pfeffer aus der Mühle
100 g breite Nudeln
1 Stiel Estragon

So wird's gemacht

1. Bohnen und Zuckerschoten putzen, die Bohnen in 3 cm lange Stücke schneiden. Kohlrabi und Möhren schälen und in Stifte schneiden.
2. Zuerst die Kohlrabi- und die Möhrenstifte 5 Minuten in kochendem Salzwasser garen. Dann die Bohnen hinzufügen und weitere 5 Minuten kochen lassen. Zum Schluss die Zuckerschoten ins Wasser geben und weitere 8 Minuten garen. Das Gemüse abgießen und warm halten.
3. Das Schnitzelfleisch kurz unter kaltem Wasser abspülen, trockentupfen und in schmale Streifen schneiden.
4. Die Frühlingszwiebeln waschen, die Wurzeln und den dunkelgrünen Teil entfernen, die hellen Teile in kleine Stücke schneiden.
5. Das Butterschmalz in einer beschichteten Pfanne erhitzen und zunächst die Frühlingszwiebeln darin unter Wenden 2 Minuten schmoren, herausnehmen und die Fleischstreifen bei großer Hitze darin rundherum 5 Minuten braten. Dann mit Knoblauchsalz und Pfeffer würzen.
6. Das übrige Gemüse und die Frühlingszwiebeln zum Fleisch geben und unter Wenden weitere 5 Minuten schmoren.
7. Inzwischen die Nudeln in 1 Liter Salzwasser bissfest garen, abgießen und das Gemüse mit dem Fleisch darauf anrichten. Zum Schluss etwas Estragon darüberzupfen.

Tipp:

Statt des Schweinefleisches können Sie natürlich auch die gleiche Menge Kalbfleisch, Hähnchen- oder Putenfleisch verwenden. Nach Geschmack können Sie über dieses Nudelgericht auch etwas geriebenen Käse streuen.

Italienischer Lammtopf

442 kcal, 1851 kJ, 13,0 g KH, 29,0 g EW, 23,5 g F, 6,6 g B pro Portion

Zutaten für 2 Portionen

250 g Lammfleisch aus der Keule
1 EL Olivenöl (von Mazola)
2 große Zwiebeln
1 Knoblauchzehe
2 EL Tomatenmark
½ Tasse Rotwein
200 g Zucchini
1 Fenchelknolle
1 kleine Dose Artischockenherzen
Salz, Pfeffer aus der Mühle
frischer Rosmarin
frischer Thymian
frischer Oregano

So wird's gemacht

1. Das Fleisch unter kaltem Wasser abspülen und trockentupfen. Dann in kleine Würfel schneiden und in dem Olivenöl rundherum kräftig anbraten.
2. Die Zwiebeln und den Knoblauch schälen und fein hacken, zum Fleisch geben und alles zusammen etwa 10 Minuten schmoren. Dann das Tomatenmark, den Rotwein und 1 Tasse Wasser dazugeben und den Gulasch bei milder Hitze im geschlossenen Topf etwa 20 Minuten köcheln lassen. Öfter umrühren.
3. Die Zucchini und den Fenchel putzen, waschen und nicht zu klein schneiden. Die Artischockenherzen abgießen und je nach Größe halbieren oder vierteln.
4. Das Gemüse zum Gulasch geben und weitere 7 Minuten köcheln lassen. Zum Schluss den Lammtopf mit Salz und Pfeffer und den frischen Kräutern abschmecken.
5. Servieren Sie dazu bissfest gegarte Makkaroni oder Vollkornnudeln und frisch geriebenen Parmesankäse.

Curryreis mit Ananas

574 kcal, 2405 kJ, 48,0 g KH, 32,6 g EW, 23,9 g F, 4,4 g B pro Portion

Zutaten für 2 Portionen

300 g Lammfleisch aus der Keule
1 Zwiebel
1 Knoblauchzehe
1 EL Keimöl
1–2 TL Curry
100 g Langkornreis
3 TL Instant-Gemüsebouillon
150 g TK-Blattspinat
1 Baby-Ananas
1 Msp. Kreuzkümmel
weißer Pfeffer aus der Mühle
Salz

So wird's gemacht

1. Das Fleisch kurz unter kaltem Wasser abspülen, trockentupfen und klein schneiden. Die Zwiebel und den Knoblauch schälen und fein hacken.
2. Das Keimöl in einem Topf erhitzen und das Fleisch darin rundherum anbraten. Die Zwiebel, den Knoblauch und das Currypulver hinzufügen und alles einige Minuten schmoren lassen.
3. Den Reis in ein Sieb schütten und so lange unter kaltem Wasser spülen, bis das Wasser klar ist. Anschließend den Reis zum Fleisch geben, ½ Liter kochendes Wasser sowie die Instantbrühe dazugeben und das Ganze bei schwacher Hitze 15 Minuten garen.
4. Den Blattspinat in einem Sieb auftauen lassen. Dann unter die Fleisch-Reis-Mischung geben und 5 Minuten mitgaren.
5. Die Ananas schälen, vierteln und das Fruchtfleisch in kleine Stücke schneiden. Anschließend unter den Reistopf mischen und darin erwärmen. Den Reistopf mit Kreuzkümmel, Pfeffer und Salz pikant abschmecken.

Gemüsesuppe mit Rindfleisch

379 kcal, 1588 kJ, 21,1 g KH, 32,4 g EW, 15,3 g F, 5,8 g B pro Portion

Zutaten für 4 Portionen

3 EL Instant-Fleischsuppe
500 g Rindfleisch (Schaufelbug)
500 g Kohlrabi
250 g Kartoffeln
200 g Möhren
2 Zwiebeln
Pfeffer aus der Mühle
Salz
4 TL saure Sahne (10% F)
½ Bund Petersilie

So wird's gemacht

1. 1 Liter Wasser zum Kochen bringen, die Fleischsuppe einstreuen, das gewaschene Fleisch dazugeben und 1,5–2 Stunden garen.
2. In der Zwischenzeit den Kohlrabi, die Kartoffeln, die Möhren und die Zwiebel schälen. Den Kohlrabi halbieren und in dünne Scheiben schneiden, die Kartoffeln nicht zu klein würfeln, die Möhren in Stifte und die Zwiebel in Ringe schneiden.
3. Das weich gekochte Fleisch aus der Brühe nehmen, das Gemüse hineingeben und 15 Minuten garen.
4. Das Fleisch klein schneiden und in die fertige Gemüsesuppe geben. Anschließend alles mit Pfeffer und Salz pikant abschmecken.
5. Die Suppe auf 4 Teller verteilen, in jeden Teller 1 Teelöffel saure Sahne geben und zum Schluss mit etwas gehackter Petersilie bestreuen.

Tipp:

Diese Gemüsesuppe können Sie sehr gut einfrieren, sollten dann allerdings keine Kartoffeln für das Gefriergut verwenden. Garen Sie die Kartoffelwürfel kurz bevor Sie die aufgetaute Suppe servieren wollen in wenig Wasser 10–15 Minuten und geben Sie sie dann zur Gemüsesuppe.

Kichererbseneintopf

540 kcal, 2262 kJ, 52,9 g KH, 25,6 g EW, 22,1 g F, 15,3 g B pro Portion

Zutaten für 2 Portionen

150 g Kichererbsen
3 EL Instant-Gemüsebrühe
2 Zwiebeln
1 Knoblauchzehe
1 EL Keimöl
2 rote Paprikaschoten
1 kleine Stange Lauch
50 g Cabanossi
1 EL edelsüßes Paprikapulver
Cayennepfeffer
glatte Petersilie zum Bestreuen

So wird's gemacht

1. Die Kichererbsen über Nacht in reichlich kaltem Wasser einweichen. Am folgenden Tag das Einweichwasser abgießen und die Erbsen abspülen.
2. ¾ Liter Wasser aufkochen, die Instandbrühe einrühren und die Kichererbsen dazugeben. Dann im geschlossenen Topf etwa 70–80 Minuten bei schwacher Hitze garen.
3. Inzwischen die Zwiebeln und den Knoblauch schälen und fein hacken. Das Öl in einer beschichteten Pfanne erhitzen und die Zwiebeln und den Knoblauch darin andünsten.
4. Die Paprikaschoten halbieren, die weißen Innenstege sowie die Kerne entfernen. Anschließend die Paprika waschen, trockentupfen und in Streifen schneiden. Den Lauch waschen und nur den weißen und hellgrünen Teil in Ringe schneiden. Die Cabanossi in dünne Scheiben schneiden.
5. Die Paprikaschoten und den Lauch zu den Zwiebeln geben und das Gemüse 10 Minuten dünsten. Dann die Cabanossi hinzufügen und erwärmen.
6. Das Gemüse zu den Kichererbsen geben und alles noch einmal 5 Minuten kochen. Dann mit Cayennepfeffer abschmecken und vor dem Servieren mit gehackter Petersilie bestreuen.

Tipp:

Kichererbsen, aber auch andere Hülsenfrüchte wie getrocknete Bohnen und Linsen, die über Nacht eingeweicht werden müssen, können Sie auch fertig gekocht in Dosen kaufen. Gießen Sie die gekochten Hülsenfrüchte ab und spülen Sie sie unter kaltem Wasser. Anschließend gut abtropfen lassen und weiter verwenden. Diese Hülsenfrüchte müssen nur noch erhitzt werden.

Rouladen mit Pilz-Pistazien-Füllung

434 kcal, 1817 kJ, 10,2 g KH, 38,2 g EW, 22,8 g F, 2,6 g B pro Portion

Zutaten für 3 Portionen

10 g getrocknete Steinpilze
3 Scheiben Rinderrouladen
Salz
Pfeffer aus der Mühle
3 große Wirsingblätter
1 Zwiebel
100 g Champignons
½ Bund Petersilie
30 g Pistazien
1 EL Keimöl
1 Beutel Fix für Rouladen (z. B. von Knorr)
3 EL süße Sahne
2 cl trockener Sherry oder Portwein

So wird's gemacht

1. Die Steinpilze 30 Minuten in lauwarmem Wasser einweichen. Die Rouladen von beiden Seiten kurz abspülen und trockentupfen. Dann auf beiden Seiten mit Salz und Pfeffer bestreuen.
2. Die Wirsingblätter abspülen und 1 Minute in kochendes Wasser legen, herausnehmen und gut abtropfen lassen. Dicke Blattrippen flach schneiden. Anschließend jede Roulade mit einem Wirsingblatt belegen.
3. Die Zwiebel schälen und fein hacken. Die Champignons mit einem feuchten Tuch abreiben, die Stiele kürzen und die Pilze sehr fein hacken. Die gewaschene Petersilie ebenfalls sehr fein hacken.
4. Die Zwiebeln, die gehackten Pilze, die Petersilie und die ganzen Pistazienkerne miteinander mischen, mit Salz und Pfeffer würzen und auf die Rouladen verteilen. Die Rouladen aufrollen und dabei die Seiten einschlagen. Die Rouladen mit Küchengarn zusammenbinden oder mit Holzspießchen bzw. Rouladennadeln feststecken.
5. Das Keimöl in einem Topf erhitzen und die Rouladen auf allen Seiten rundherum goldbraun anbraten. ¼ Liter heißes Wasser dazugießen, Fix für Rouladen mit dem Schneebesen einrühren und die Rouladen bei schwacher Hitze im geschlossenen Topf etwa 60 Minuten garen. Ab und zu umrühren und die Rouladen wenden.
6. Die fertig gegarten Rouladen aus der Sauce nehmen und warm halten.
7. 10 Minuten vor Garende die eingeweichten Steinpilze grob hacken, das Einweichwasser durch einen Kaffeefilter zur Rouladensauce gießen. Die Pilze hinzufügen. Die Sauce etwas einkochen lassen. Zum Schluss mit der süßen Sahne und dem Sherry abschmecken.
8. Servieren Sie dazu in Gemüsebrühe gegarten Wirsing und kleine Semmelknödel.

Tipp:

Diese Rouladen sind ein besonders schmackhaftes Fleischgericht. Sie schmecken auch kalt mit etwas Senf oder einer leichten Salatcreme auf Vollkornbrot.

Schweinebraten mit Apfelfüllung

363 kcal, 1520 kJ, 9,7 g KH, 32,1 g EW, 17,4 g F, 2,9 g B pro Portion

Zutaten für 4 Portionen

600 g Schweinenuss
(vom Metzger eine Tasche zum Einfüllen einschneiden lassen)
Salz
Pfeffer aus der Mühle
1 rotschaliger Apfel
1 rote Zwiebel
2 Beete Kresse
1 Scheibe Vollkornbrot
1 EL Butter
1 EL Keimöl
½ l Instant-Gemüsebrühe
2 cl Calvados oder Apfelsaft

So wird's gemacht

1. Die Schweinenuss innen und außen kurz unter kaltem Wasser abspülen, alle Seiten gut trockentupfen und kräftig mit Salz und Pfeffer einreiben.
2. Für die Füllung den gewaschenen Apfel vierteln, das Kerngehäuse herausschneiden und die Apfelviertel in sehr feine Würfel schneiden. Die Zwiebel schälen und ebenfalls sehr fein hacken. Die Kresse vorsichtig abschneiden, waschen und abtropfen lassen.
3. Die Apfelwürfel mit den Zwiebeln und der Kresse in einer Schüssel mischen.
4. Das Vollkornbrot fein würfeln und in der heißen Butter leicht rösten. Zu der Apfelfüllung geben und alles mit Salz und Pfeffer pikant abschmecken.
5. Die Schweinenuss mit der Apfelfüllung füllen und mit Küchengarn zunähen oder mit Holzspießchen gut zustecken.
6. Das Öl in einem Bräter erhitzen und die Schweinenuss rundherum kräftig anbraten. ¼ Liter der heißen Gemüsebrühe dazugeben und das Fleisch 30 Minuten schmoren lassen. Nach und nach die restliche Brühe dazugießen. Den Braten alle 20 Minuten wenden. Nach Bedarf noch etwas Brühe oder heißes Wasser dazugeben. Nach 70 Minuten die gefüllte Schweinenuss in Alufolie wickeln und im Backofen warm halten.
7. Die Bratensauce etwas einkochen lassen, noch einmal mit Salz und Pfeffer würzen und zum Schluss mit dem Calvados oder mit Apfelsaft aromatisieren.
8. Den Braten in Scheiben schneiden und mit der Sauce begießen. Dazu schmecken Salzkartoffeln mit Petersilie und in Milch gegartes Lauchgemüse.

Feine Fischgerichte

Fische aus Meeren, Seen und Flüssen zählen zu unseren wichtigsten und feinsten Nahrungsmitteln, denn Fisch enthält viele wertvolle Nährstoffe. Doch bei Fisch kommt es besonders auf Frische an. Frischer Fisch riecht immer appetitlich und ein wenig nach Seetang und Meer. Das Fleisch ist meistens fest und gibt auf Daumendruck etwas nach, die Augen sind klar. Wenn Sie keinen frischen Fisch bekommen, greifen Sie zu tiefgefrorener Ware. Und weil Fisch so gesund ist, sollten Sie ihn mindestens einmal in der Woche auf den Tisch bringen. Fisch lässt sich vielfältig zubereiten. Auf den folgenden Seiten finden Sie köstliche Fischrezepte, die darüber hinaus auch besonders kalorienarm sind.

Lachsschnitten in Pergamentpapier

440 kcal, 1845 kJ, 14,9 g KH, 32,2 g EW, 24,9 g F, 12,2 g B pro Portion

Zutaten für 2 Portionen

2 Scheiben Lachsfilet (à 125 g)
etwas Zitronensaft
Salz, Pfeffer aus der Mühle
1 EL Keimöl
2 Möhren
2 TL Butter
1 Msp. Safran
500 g Lauch
4 EL Milch
Muskatnuss
Außerdem:
4 Bogen Pergament- oder Butterbrotpapier

So wird's gemacht

1. Die Lachsfilets kurz unter kaltem Wasser abspülen, trockentupfen und beidseitig mit Zitronensaft beträufeln, mit Salz und Pfeffer würzen.
2. 2 Bogen Pergament- oder Butterbrotpapier mit etwas Öl bestreichen. Einen weiteren Bogen darauflegen und wieder mit etwas Öl bestreichen. Auf jeden Doppelbogen je 1 Lachsfilet setzen.
3. Die Möhren schälen und in sehr dünne Streifen schneiden oder hobeln. 1 Teelöffel Butter in einem Topf erhitzen, die Möhren und 2 Esslöffel Wasser dazugeben und 5 Minuten unter Rühren schmoren. Die Möhren mit Salz, Pfeffer und Safran würzen, dann auf den Lachsfilets verteilen.
4. Das Pergamentpapier zu kleinen Päckchen verschließen und im vorgeheizten Backofen bei 180 °C (Gas: Stufe 2) 10–15 Minuten garen.
5. Inzwischen den Lauch putzen, waschen und nur den weißen und hellgrünen Teil in Ringe schneiden.
6. Die restliche Butter in einem Topf erhitzen, den Lauch tropfnass dazugeben. Ebenso Milch, Salz, Pfeffer sowie geriebene Muskatnuss und alles im geschlossenen Topf 10 Minuten garen.
7. Die Lachsschnitten mit dem Lauchgemüse anrichten. Dazu passt Reis oder eine Pellkartoffel.

Tipp:

Statt der Lachsfilets können Sie für dieses Gericht auch jedes beliebige andere Filet von Kabeljau, Seelachs oder Rotbarsch verwenden.

Steinbeißer auf Linsen

539 kcal, 2261 kJ, 32,5 g KH, 37,4 g EW, 24,5 g F, 8,4 g B pro Portion

Zutaten für 2 Portionen

300 g Steinbeißerfilet
etwas Zitronensaft
Knoblauchsalz
Pfeffer aus der Mühle
80 g Linsen
1 Zwiebel, 1 Bund Suppengrün
3 EL Butterschmalz
400 ml Fischfond (Fertigprodukt)
1 TL Tomatenmark
20 ml trockener Weißwein (z. B. Blanchet)
½ TL edelsüßes Paprikapulver
4 EL süße Sahne
2 EL gehackte Petersilie
1 EL Mehl

So wird's gemacht

1. Die Fischfilets kurz unter kaltem Wasser abspülen, trockentupfen, mit Zitronensaft beträufeln und mit Salz und Pfeffer würzen.
2. Die Linsen unter kaltem Wasser gut abspülen und 60 Minuten einweichen. Inzwischen die Zwiebel und das Suppengrün schälen und sehr fein würfeln.
3. 1 Esslöffel Butterschmalz in einem Topf erhitzen und die Gemüsewürfel darin 5 Minuten dünsten. Die Linsen abgießen und dazugeben.
4. Den Fischfond erhitzen, mit dem Tomatenmark, dem Weißwein und dem Paprikapulver mischen und zu den Linsen geben, im geschlossenen Topf 5–10 Minuten köcheln lassen.
5. Die Sahne zu den Linsen gießen und so lange weiter köcheln lassen, bis fast die ganze Flüssigkeit verdampft ist. Dann mit der gehackten Petersilie mischen.
6. Das Fischfilet in 2 gleich große Stücke schneiden, in Mehl wälzen und in dem restlichen Butterschmalz auf jeder Seite 3 Minuten braten.
7. Die Steinbeißerfilets auf den Linsen anrichten.
8. Dazu passen Bratkartoffeln oder Reis und ein trockener Weißwein.

Tipp:

Linsen haben eine Garzeit zwischen 10 und 60 Minuten, je nach Alter. Linsen müssen auch nicht unbedingt eingeweicht werden. Allerdings verkürzt sich die Garzeit durch das Einweichen in kaltem Wasser. Das Einweichwasser sollten Sie auf jeden Fall wegschütten.

Seezungenfilets mit Anisreis

506 kcal, 2124 kJ, 53,6 g KH, 18,7 g EW, 19,9 g F, 5,6 B pro Portion

Zutaten für 2 Portionen

4 Seezungenfilets
Saft von ½ Zitrone
Salz
Pfeffer aus der Mühle
2 Lorbeerblätter
2 Gewürznelken
2 TL Senfkörner
Für den Reis:
100 g Wildreismischung
Anispulver
1 große Fenchelknolle
2 rosa Grapefruit
1 EL Butter

So wird's gemacht

1. Die Fischfilets kurz unter kaltem Wasser abspülen und trockentupfen. 200 Milliliter Wasser mit Zitronensaft, Salz und Pfeffer, Lorbeerblättern, Gewürznelken und Senfkörnern 5 Minuten sprudelnd kochen lassen. Nun die Seezungenfilets in das siedende Wasser geben und etwa 8 Minuten gar ziehen lassen.
2. Die Wildreismischung in ½ Liter kochendem Salzwasser 20–30 Minuten garen, abgießen und mit etwas Anis abschmecken.
3. Die Fenchelknolle putzen. Etwas Fenchelgrün aufbewahren. Die Knolle achteln und in wenig kochendem Salzwasser 10 Minuten garen.
4. 1 Grapefruit wie einen Apfel schälen und dabei auch die weiße bittere Haut entfernen. Mit einem scharfen Messer zwischen die Trennwände schneiden und so die Filets lösen.
5. Die zweite Grapefruit auspressen, den Saft um die Hälfte einkochen lassen. Dann die Butter hinzugeben und die Sauce mit etwas Salz und Pfeffer würzen.
6. Die Sauce auf 2 Tellern verteilen. Die Seezungenfilets, den Reis und das Gemüse dazugeben, mit den Grapefruitfilets und dem zurückgelegten Fenchelgrün garnieren.

Tipp:

Wenn die Seezungenfilets zu teuer sind, können Sie für dieses Gericht auch Schollen- oder Lachsfilets verwenden.

Kabeljau mit 2 Gemüsesaucen

516 kcal, 2163 kJ, 52,6 g KH, 33,3 g EW, 15,8 g F, 2,1 g B pro Portion

Zutaten für 4 Portionen

600 g Kabeljaufilets (Rotbarsch, Seelachs oder einen anderen Seefisch)
Salz
Pfeffer aus der Mühle
1 Glas Weißwein
2 Lorbeerblätter
1 Bund Dill
200 g Langkornreis
1 Döschen Safran
1 EL Butter

Für die Tomatensauce:

½ rote Paprikaschote
1 TL Keimöl
1 Packung Tomato al Gusto Zwiebel-Knoblauch
1 kleines Glas Kapern (20 g)
1 EL saure Sahne (10 % F)

Für die Gurkensauce:

250 g Salatgurke
1 TL Keimöl
1 Beutel Gemüseküche Fix für Rahmgemüse

So wird's gemacht

1. Die Fischfilets kurz unter kaltem Wasser abspülen und trockentupfen.
2. ¼ Liter Wasser mit Salz, Pfeffer, Wein, 2 Lorbeerblättern und 2 Dillstielen 5 Minuten köcheln lassen. Dann die Fischfilets dazugeben und etwa 8 Minuten gar ziehen lassen.
3. Den Reis so lange unter fließendem Wasser waschen, bis das Wasser klar abläuft. 1 Liter Salzwasser zum Kochen bringen. Den Safran und den Reis hinzufügen und bissfest garen. Das restliche Wasser abgießen und den Reis sofort mit der Butter und 1 Teelöffel gehacktem Dill mischen.
4. Für die Tomatensauce die halbe Paprikaschote sehr fein würfeln und in dem heißen Öl unter Rühren 5 Minuten garen. Die Tomatenzubereitung dazugeben und alles weitere 10 Minuten offen köcheln lassen. Zum Schluss die abgetropften Kapern und die Sahne einrühren.
5. Für die Gurkensauce die Salatgurke schälen, längs halbieren und mit einem Teelöffel die Kerne herausschaben. Die Gurkenhälften fein würfeln.
6. Das Öl in einem Topf erhitzen und die Salatgurke sowie 200 Milliliter Wasser dazugeben und 5 Minuten köcheln lassen.
7. Die Gurke mit dem Pürierstab zerkleinern. Den Beutel Fix für Rahmgemüse dazugeben und die Gurkenmasse weitere 5 Minuten bei schwacher Hitze garen.
8. Den restlichen Dill fein hacken und mit der Sauce mischen. Die gegarten Fischfilets mit den beiden Saucen und dem Safranreis anrichten.

Schollenfilets in Pergament

287 kcal, 1199 kJ, 9,2 g KH, 37,6 g EW, 6,1 g F, 6,0 g B pro Portion

Zutaten für 2 Portionen

400 g Schollenfilets
1 Zitrone
2 Tomaten
1 Möhre
50 g Sellerieknolle
½ Stange Lauch
Öl zum Einfetten
Salz
Pfeffer aus der Mühle
½ Bund Kerbel
1 EL Weißwein
1 EL Wermut
Außerdem:
4 Bogen Pergament- oder Butterbrotpapier

So wird's gemacht

1. Die Fischfilets kurz unter kaltem Wasser abspülen und trockentupfen. Die Zitrone schälen und dabei auch die weiße bittere Haut entfernen. Die Zitrone in einzelne Spalten teilen.
2. Die Tomaten waschen und den grünen Stielansatz entfernen. Anschließend das Fruchtfleisch grob würfeln. Die Möhre und das Stück Sellerieknolle schälen und beides in sehr dünne Stifte schneiden. Den Lauch längs halbieren, gründlich waschen und in schmale Streifen schneiden.
3. 2 Bogen Pergamentpapier (Butterbrotpapier) mit etwas Öl bestreichen. Jeweils einen weiteren Bogen darüber legen und mit etwas Öl einfetten.
4. Die Gemüsestreifen auf die 2 Doppelbögen Pergamentpapier verteilen, mit Salz und Pfeffer würzen. Fischfilets und Zitronenspalten darauf legen und mit Salz und Pfeffer bestreuen.
5. Etwas Kerbel beiseite legen. Den Rest grob hacken und über den Fisch streuen. Jeweils 1 Esslöffel Weißwein und 1 Esslöffel Wermut über den Fisch gießen und die Päckchen gut verschließen.
6. Die Schollenfilets im vorgeheizten Backofen bei 180 °C (Gas: Stufe 2) 15 Minuten garen.
7. Das Pergamentpapier vorsichtig öffnen und den gegarten Fisch mit dem zurückgelegten Kerbel garnieren. Dazu passen am besten Petersilienkartoffeln.

Tipp:

Bei dieser Garmethode können keine Aromastoffe während des Garens entweichen. Am besten öffnet jeder bei Tisch sein Päckchen selbst, um beim Öffnen den entströmenden Duft zu genießen.

Meeräsche mit Kräuterkruste

419 kcal, 1754 kJ, 19,4 g KH, 33,4 g EW, 17,2 g F, 1,7 g B pro Portion

Zutaten für 2 Portionen

300 g Meeräschenfilets
Salz, Pfeffer aus der Mühle
etwas Zitronensaft
etwas Mehl
1 EL Butterschmalz
2 Tomaten
2 Schalotten
1 EL gehackter Dill
1 Msp. gemahlener Lorbeer
80 ml Weißwein
3 TL Semmelbrösel
1 TL gehackter Thymian
½ TL gehackte Rosmarinnadeln
½ TL gehackte Salbeiblätter
1 TL Keimöl

So wird's gemacht

1. Die Fischfilets kurz unter kaltem Wasser abspülen, trockentupfen, mit Salz und Pfeffer bestreuen und auf beiden Seiten mit etwas Zitronensaft beträufeln. Anschließend die Fischfilets mit etwas Mehl bestäuben und in dem heißen Butterschmalz auf jeder Seite 1 Minute braten.
2. Die angebratenen Fischfilets nebeneinander in eine feuerfeste Form legen.
3. Von den Tomaten den grünen Stielansatz entfernen. Anschließend die Früchte kurz in kochendes Wasser tauchen, dann enthäuten und entkernen. Die Schalotten waschen, schälen und fein würfeln.
4. Zunächst die Schalotten in dem Fischbratfett weich schmoren. Anschließend die Tomatenwürfel und den Dill sowie das Lorbeergewürz dazugeben und über die beiden Fischfilets verteilen.
5. Den Weißwein zu dem Fisch in die Form gießen.
6. Die Semmelbrösel mit den Kräutern mischen, über die Fischfilets streuen und mit etwas Keimöl beträufeln.
7. Die Meeräschenfilets bei starker Oberhitze im Backofen einige Minuten überbacken.
   Dazu schmecken am besten Brokkoligemüse und kleine Pellkartoffeln.

Tipp:

Probieren Sie auch einmal eine Nusskruste für die Fischfilets. Statt der Semmelbrösel mischen Sie die Kräuter mit der gleichen Menge fein gehackter Mandeln oder Haselnüsse.

Fischragout mit Reis

510 kcal, 2133 kJ, 55,6 g KH, 39,9 g EW, 10,8 g F, 7,4 g B pro Portion

Zutaten für 2 Portionen

150 g TK-Erbsen
150 g Champignons
100 g Vollkornreis
Salz
300 g Seelachsfilet
etwas Zitronensaft
Pfeffer aus der Mühle
1 Beutel helle Fischsauce (z. B. von Knorr)
1 EL Schnittlauchröllchen

So wird's gemacht

1. Die tiefgefrorenen Erbsen in wenig Wasser 5 Minuten garen, abgießen und abtropfen lassen.
2. Die Champignons mit einem feuchten Tuch abreiben, die Stiele kürzen. Anschließend die Pilze vierteln.
3. Den Reis unter kaltem Wasser so lange abspülen, bis das Wasser klar ist. 1 Liter Salzwasser zum Kochen bringen. Den Reis hinzugeben und 25–30 Minuten garen. Abgießen und warm halten.
4. Das Fischfilet kurz unter kaltem Wasser abspülen, trockentupfen und auf beiden Seiten mit etwas Zitronensaft beträufeln, mit Salz und Pfeffer würzen. Anschließend in kleine Würfel schneiden.
5. Die Fischsauce in 300 Milliliter kaltes Wasser einrühren und einmal aufkochen lassen. Die Erbsen, die Champignons und den Fisch dazugeben und bei milder Hitze 5 Minuten garen.
6. Das Fischragout mit dem Reis anrichten und mit Schnittlauchröllchen bestreuen.

Tipp:

Für alle, die schlank werden und bleiben wollen, ist Reis das ideale Nahrungsmittel. Reis ist reich an Kohlenhydraten und arm an Fett. Schon eine kleine Portion sättigt für viele Stunden. Naturreis ist darüber hinaus reich an Vitaminen, Mineralstoffen und Ballaststoffen.

Lachsstreifen mit Gurkengemüse

343 kcal, 1436 kJ, 6,7 g KH, 24,0 g EW, 21,7 g F, 1,9 g B pro Portion

Zutaten für 2 Portionen

1 Salatgurke
Salz
Pfeffer aus der Mühle
1 Prise Zucker
150 g Sahnejogurt
300 g Lachsfilet
1–2 EL Zitronensaft
½ Bund Dill

So wird's gemacht

1. Die Gurke schälen und längs halbieren, die Kerne mit einem Teelöffel herausschaben und die Gurkenhälften in nicht zu dünne Scheiben schneiden.
2. Die Gurkenscheiben mit Salz, Pfeffer und Zucker würzen und mit 3 Esslöffeln Wasser bei milder Hitze 5 Minuten schmoren.
3. Den Jogurt zu den Gurken geben und alles bei milder Hitze weitere 10–15 Minuten köcheln lassen.
4. Inzwischen das Lachsfilet kurz unter kaltem Wasser abspülen, trockentupfen und in schmale Streifen schneiden.
5. Die Lachsstreifen 1–2 Minuten in dem Gurkengemüse erhitzen. Die Sauce mit Zitronensaft abschmecken und zum Schluss den gehackten Dill unterrühren.
   Dazu passen Salzkartoffeln oder körniger Reis.

Tipp:

Statt der Gurken können Sie ebenso gut Zucchini, Fenchel oder auch Kohlrabi verwenden.

Spargel mit Krabbensauce

245 kcal, 1029 kJ, 15,8 g KH, 18,5 g EW, 10,8 g F, 5,6 g B pro Portion

Zutaten für 2 Portionen

1 kg weißen Spargel
1 unbehandelte Zitrone
Salz
1 Prise Zucker
1 EL Butter
Für die Sauce:
1 EL Butter
1 EL Mehl
2 EL süße Sahne
weißer Pfeffer aus der Mühle
½ Bund Dill
100 g gekochte Krabben

So wird's gemacht

1. Den Spargel gründlich schälen und den unteren holzigen Teil abschneiden, die Spargelstangen mit Küchengarn zusammenbinden. Die Zitrone heiß waschen, eine Scheibe abschneiden, den Rest auspressen.
2. 1 Liter Wasser mit Salz, Zucker, Butter und der Zitronenscheibe zum Kochen bringen. Den geschälten Spargel dann etwa 15–20 Minuten garen, herausnehmen und auf einer Platte warm halten. Das Kochwasser aufbewahren.
3. Für die Sauce 1 Esslöffel Butter in einem kleinen Topf erhitzen. Das Mehl dazugeben und hell anschwitzen. Nun 125 Milliliter Spargelwasser dazugeben und die Sauce glatt rühren.
4. Die Sauce mit der süßen Sahne verfeinern. Mit Salz, Pfeffer, Zitronensaft und dem gehackten Dill pikant abschmecken. Zum Schluss die Krabben darin erhitzen. Die Krabbensauce über die Spargelstangen verteilen.

   Dazu passen Pellkartoffeln.

Tipp:

Spargel ist ein besonders kalorienarmes Gemüse, sodass Sie sich daran satt essen können. Versuchen Sie auch einmal grünen Spargel mit dieser pikanten Krabbensauce. Grüner Spargel ist vitaminreicher als der weiße. Außerdem braucht bei ihm nur das untere Drittel geschält werden. Die Garzeit ist etwas geringer als beim weißen Spargel, etwa 10–15 Minuten.

Kräuter-Knoblauch-Garnelen

345 kcal, 1445 kJ, 18,6 g KH, 34,7 g EW, 11,9 g F, 1,1 g B pro Portion

Zutaten für 2 Portionen

2 Schalotten
2 Knoblauchzehen
1 EL Butter
1 P. TK-8-Kräutermischung
Kräutersalz
etwas Zitronensaft
8 rohe Riesengarnelen (mit Kopf)

Für die Sauce:

150 g Jogurt (3,5 % F)
Kräutersalz
Cayennepfeffer
1 TL Honig
2 Knoblauchzehen
etwas Zitronensaft

So wird's gemacht

1. Die Schalotten waschen. Schalotten und Knoblauchzehen schälen und fein hacken.
2. Die Butter in einem flachen ofenfesten Topf erhitzen und die Schalotten und Knoblauchzehen darin weich schmoren. Anschließend die Kräutermischung, das Kräutersalz und den Zitronensaft einrühren.
3. Die Schale der Riesengarnelen etwas lockern, aber nicht lösen. Die Garnelen waschen, trockentupfen, zu den Kräutern geben, alles verrühren und in eine Auflaufform füllen. Im vorgeheizten Backofen bei 220 °C (Gas: Stufe 4) 10–15 Minuten garen, dabei öfter wenden.
4. Für die Sauce den Jogurt glatt rühren. Mit Kräutersalz, Cayennepfeffer, Honig, gehackten Knoblauchzehen und Zitronensaft verrühren. Dazu schmecken knuspriges Baguette oder Vollkornbrötchen.

Tipp:

Sie können die Riesengarnelen auch vor dem Garen aus den Schalen brechen, wobei Kopf und Schwanz nicht entfernt werden sollten. Vor oder nach dem Garen sollten Sie die Garnelen aber am Rücken aufschneiden, um den Darm zu entfernen.

Kabeljauauflauf mit Kümmelsauce

431 kcal, 1809 kJ, 22,6 g KH, 37,6 g EW, 18,2 g F, 6,6 g B pro Portion

Zutaten für 2 Portionen

400 g Wirsing
2 EL Butter
Salz
½ TL Kümmel
125 ml Milch (1,5 % F)
1 EL heller Saucenbinder (Fertigprodukt)
Pfeffer aus der Mühle
1 Eigelb
300 g Kabeljaufilet
1 Zitrone, unbehandelt
2 EL Semmelbrösel

So wird's gemacht

1. Den Wirsing putzen, waschen und gut abtropfen lassen, dann in schmale Streifen schneiden.
2. Die Butter in einem Topf erhitzen und die Kohlstreifen dazugeben. Mit Salz und Kümmel würzen, eventuell etwas Wasser dazugießen und den Kohl im offenen Topf 10–15 Minuten dünsten, bis die Flüssigkeit vollständig verkocht ist.
3. Den Wirsingkohl auf dem Boden einer feuerfesten Form verteilen.
4. Die Milch einmal aufkochen und den Saucenbinder einstreuen, 1 Minute kochen lassen, bis die Sauce andickt, dann mit Salz und Pfeffer würzen.
5. Die Sauce vom Herd nehmen und das Eigelb unterrühren. Die Hälfte der Sauce über den Wirsing gießen.
6. Die Zitrone heiß abwaschen und gut trocknen. Etwas Schale abreiben, den Saft auspressen.
7. Die Fischfilets kurz unter kaltem Wasser abspülen, trockentupfen und mit etwas Zitronensaft einreiben, mit Salz und Pfeffer würzen.
8. Den Fisch grob würfeln, auf den Kohl legen und mit der restlichen Sauce begießen. Die Semmelbrösel und die Zitronenschale über den Fisch streuen und den Auflauf im vorgeheizten Backofen bei 200 °C (Gas: Stufe 3) 20–25 Minuten garen.

Tipp:

Statt Wirsing können Sie für diesen leckeren Auflauf auch Spinat, Mangold oder Lauch verwenden. Interessant schmeckt auch gekochter Chinakohl dazu.

Überbackene Lachsforelle mit Spinat

540 kcal, 2261 kJ, 35,4 g KH, 49,3 g EW, 18,3 g F, 5,8 g B pro Portion

Zutaten für 2 Portionen

300 g Lachsforellenfilet
Zitronensaft
Knoblauchsalz
Pfeffer aus der Mühle
1 Zwiebel
1 Knoblauchzehe
1 EL Keimöl
300 g TK-Blattspinat
⅛ l Milch (1,5 % F)
2½ gehäufte EL helle Mehlschwitze (Fertigprodukt)
40 g Gouda
80 g Langkornreis
1 Döschen Safran
50 g Schrimps

So wird's gemacht

1. Das Fischfilet kurz unter kaltem Wasser abspülen, trockentupfen und mit Zitronensaft einreiben. Dann in große Würfel schneiden und mit Salz und Pfeffer bestreuen.
2. Die Zwiebel und die Knoblauchzehe schälen und fein würfeln. Anschließend in dem heißen Öl weich, aber nicht braun schmoren. Den unaufgetauten Spinat dazugeben, etwas Wasser hineinfüllen und bei milder Hitze garen. Den Spinat mit Salz und Pfeffer würzen.
3. Die Milch mit der gleichen Menge Wasser erhitzen. Die Mehlschwitze einrühren, 1 Minute kochen lassen und dann die Sauce mit Salz und Pfeffer pikant abschmecken. Den Käse reiben und mit der Sauce mischen.
4. Den Reis unter kaltem Wasser so lange waschen, bis das Wasser klar abläuft. Den Reis mit dem Safran mischen und auf den Boden einer feuerfesten Form verteilen.
5. Die Fischwürfel auf den Reis legen. Darüber den Spinat geben und alles mit der Käsesauce begießen. Im vorgeheizten Backofen bei 200 °C (Gas: Stufe 3) 20–25 Minuten überbacken.

Tipp:

Der Reis muss vor dem Backen nicht gekocht werden. Der Fisch, das Gemüse und die Sauce geben während des Garens so viel Flüssigkeit ab, dass er dadurch gart.

Grüner Kartoffelsalat mit Räucherlachs

500 kcal, 2099 kJ, 50,4 g KH, 19,7 g EW, 21,1 g F, 7,4 g B pro Portion

Zutaten für 2 Portionen

500 g kleine Salatkartoffeln
Salz
1 TL Instant-Gemüsebrühe
1 Schalotte
1 Tasse gehackte, gemischte Kräuter (Dill, Petersilie, Schnittlauch, Kerbel, Zitronenmelisse)

Für das Dressing:

2 EL Keimöl
2 EL Weißweinessig
1 TL scharfer Senf
Salz
Pfeffer aus der Mühle
1 Prise Zucker
80 g Räucherlachs in Scheiben

So wird's gemacht

1. Die gewaschenen Kartoffeln in wenig Wasser 25–30 Minuten garen, abgießen, pellen und abkühlen lassen. Anschließend in dünne Scheiben schneiden und in eine Schüssel legen.
2. 100 Milliliter Wasser erhitzen, die Gemüsebrühe dazugeben, einmal aufkochen lassen und heiß über die Kartoffelscheiben gießen.
3. Die Schalotte waschen, schälen und würfeln. Die Kräuter waschen, abtropfen lassen und hacken. Schalottenwürfel und Kräuter zu den Kartoffeln geben.
4. Für das Dressing das Öl mit dem Essig und dem Senf verrühren, mit Salz, Pfeffer und Zucker pikant abschmecken.
5. Das Dressing zu den Kartoffeln geben, alles gut mischen und bei Zimmertemperatur 30 Minuten ziehen lassen. Dann mit den Räucherlachsscheiben anrichten.

Feine Fischsülze

149 kcal, 621 kJ, 2,9 g KH, 19,0 g EW, 5,3 g F, 1,5 g B pro Portion

Zutaten für 4 Portionen

4 Blatt weiße Gelatine
250 g sehr frisches Fischfilet (Kabeljau, Seelachs, Zander)
1 rote Chilischote
1 Limette
1 rote Zwiebel
Salz
2 Tomaten
800 ml Fischfond (Fertigprodukt)
1 Döschen Safran
etwas Koriandergrün (oder glatte Petersilie)

So wird's gemacht

1. Die Gelatine 10 Minuten in kaltem Wasser einweichen.
2. Das Fischfilet in Alufolie wickeln und etwa 20–30 Minuten im Gefrierschrank anfrieren lassen.
3. Inzwischen die Chilischote längs halbieren. Die weißen Trennwände und eventuell die Kerne entfernen. Anschließend die Chilischote in feine Streifen schneiden.
4. Die Limette heiß abwaschen, trockenreiben und die Schale fein abraspeln, die Frucht anschließend auspressen.
5. Die Zwiebel schälen und in sehr dünne Ringe schneiden.
6. Das angefrorene Fischfilet mit einem sehr scharfen Messer oder mit einem elektrischen Messer in hauchdünne Scheiben schneiden und kreisförmig auf 4 Teller legen. Anschließend mit Salz, Chili und der Limettenschale bestreuen, mit etwas Limettensaft beträufeln und zum Schluss mit den Zwiebelringen belegen.
7. Von den Tomaten den grünen Stielansatz entfernen. Anschließend die Früchte kurz in heißes Wasser tauchen, enthäuten, entkernen und das Fruchtfleisch fein würfeln. Die Tomatenwürfel über den Fisch streuen.
8. Den Fischfond 10 Minuten sprudelnd kochen lassen. Dann vom Herd nehmen und die ausgedrückte Gelatine darin auflösen. Den Safran und das grob gehackte Koriandergrün in den Fond rühren und diesen auf die 4 Teller verteilen. Im Kühlschrank 2 Stunden fest werden lassen. Dazu passen Bratkartoffeln oder Vollkornbrötchen.

Tipp:

Fisch- und Gemüsesülzen sind fett- und kalorienarm und schmecken besonders gut an heißen Sommertagen. Sie sollten aber direkt nach Fertigstellung verzehrt und nie lange aufbewahrt werden.

Vegetarisch gut

Die vegetarische Küche bietet genügend Möglichkeiten für eine abwechslungsreiche Ernährung. Dazu gehören Getreide und Getreideprodukte, Obst und Gemüse, Hülsenfrüchte, Kartoffeln, Nüsse und Samen, Sprossen und Keime, Gewürze und frische Kräuter statt Salz, Butter, ungehärtete Pflanzenmargarine, unraffinierte Öle, Mineralwässer, Früchte- und Kräutertees sowie frisch zubereitete Obst- und Gemüsesäfte. Eine vollwertige vegetarische Kost sättigt nachhaltig, sorgt für gute Verdauung und lässt darüber hinaus keine Mangelerscheinungen entstehen.

Überbackener Spargel mit Sellerie

288 kcal, 1212 kJ, 15,2 g KH, 14,7 g EW, 17,3 g F, 6,2 g B pro Portion

Zutaten für 2 Portionen

500 g weißer Spargel
1 Staude Bleichsellerie
Salz, Zucker
1 EL Butter
Zitronensaft
Für die Sauce:
1 EL Butter
1 EL Mehl
200 ml Gemüsekochwasser
1 Msp. Safran
Selleriesalz, Cayennepfeffer
Zitronensaft
40 g Käse nach Geschmack
1 Eigelb
6 Walnusskerne

So wird's gemacht

1. Den Spargel schälen und die unteren holzigen Teile abschneiden. Die Selleriestangen putzen und entfädeln.
2. 1 Liter Wasser mit Salz, Zucker, Butter und Zitronensaft zum Kochen bringen und zunächst die Selleriestangen darin 3 Minuten garen. Den Spargel hinzufügen und das Gemüse etwa 15 Minuten köcheln lassen. Herausnehmen, gut abtropfen lassen und auf eine feuerfeste Platte legen. Die Platte warmstellen.
3. Für die Sauce die Butter erhitzen, das Mehl einstreuen und hell anschwitzen. Dann das noch heiße Gemüsekochwasser dazugeben und die Sauce glatt rühren. Mit Safran, Selleriesalz, Cayennepfeffer und Zitronensaft pikant abschmecken.
4. Den Käse reiben und zum Schluss mit dem Eigelb in die Sauce einrühren. Die Masse über das Gemüse gießen.
5. Die Walnusskerne grob hacken, darüber streuen und das Gemüse mit der Sauce kurz im Backofen oder Grill überbacken.
   Dazu schmecken Salzkartoffeln mit Petersilie.

Tipps:

Wenn Ihnen helle Saucen nicht so gut schmecken, dann lassen Sie bei dieser hellen Sauce den Käse weg und nehmen statt dessen 2 Esslöffel Tomatenmark. Anstelle der Walnüsse verwenden Sie geröstete Haselnüsse, die grob gehackt werden.Den Bleichsellerie können Sie durch grünen Spargel ersetzen.

Überbackene Zucchinischiffchen

310 kcal, 1296 kJ, 16,4 g KH, 16,5 g EW, 18,1 g F, 9,5 g B pro Portion

Zutaten für 2 Portionen

2 Zucchini (à 200 g)
1 rote Paprikaschote
1 gelbe Paprikaschote
1 Möhre
200 g Tomaten
1 EL Olivenöl
2 Zwiebeln
1 Knoblauchzehe
80 g Schwäbischer Raclettekäse
2 EL gehackte Petersilie
2 EL Thymian
Salz
Pfeffer aus der Mühle
10 frische Basilikumblätter

So wird's gemacht

1. Die Zucchini waschen und längs einen Deckel abschneiden. Die Zucchini aushöhlen und das Fruchtfleisch sowie den Deckel in feine Würfel schneiden.
2. Die Paprikaschoten halbieren, die weißen Innenstege sowie die Kerne entfernen. Die rote Paprikaschote in feine Streifen, die gelbe in kleine Würfel schneiden.
3. Die Möhre schälen und ebenfalls fein würfeln. Von den Tomaten den grünen Stielansatz entfernen. Anschließend die Früchte kurz in heißes Wasser tauchen, enthäuten, entkernen und grob würfeln.
4. Das Olivenöl in einer Pfanne erhitzen. Die Zwiebeln und die Knoblauchzehe schälen und fein würfeln. Zwiebel- und Knoblauchwürfel in dem heißen Olivenöl weich schmoren. Das Gemüse dazugeben und 10 Minuten köcheln lassen.
5. Den Käse grob raspeln, mit dem Gemüse mischen, mit den Kräutern, Salz und Pfeffer würzen.
6. Das Gemüse in die ausgehöhlten Zucchini füllen und in eine ofenfeste Auflaufform setzen. Im vorgeheizten Backofen bei 180 °C (Gas: Stufe 2) 25–30 Minuten überbacken.
7. Vor dem Servieren die Zucchinischiffchen mit einigen Basilikumstreifen garnieren.

Tipp:

Dieses Gemüsegericht wird gehaltvoller, wenn Sie zu der Füllung 2 Esslöffel gekochte Getreidekörner (Weizen, Roggen, Grünkern, Reis) geben.

Möhrenflan mit Kräutersauce

312 kcal, 1306 kJ, 17,8 g KH, 8,2 g EW, 19,6 g F, 3,9 g B pro Portion

Zutaten für 4 Portionen

250 g Möhren
3 EL Butter
70 g Kölln Instant-Flocken
100 ml Milch (1,5% F)
100 ml Möhrensud
2 Eier
Salz, Pfeffer aus der Mühle
Muskatnuss
3 EL gehackte Petersilie

Für die Sauce:

1 Schalotte
20 g Butter
1/8 l trockener Weißwein
1/8 l Instant-Gemüsebrühe
2 EL saure Sahne (10% F)
2 EL Kölln Instant-Flocken
1 Bund gemischte Kräuter (Kerbel, Dill, Sauerampfer, Petersilie, Borretsch, Schnittlauch, Pimpinelle)
etwas Zitronensaft
Salz
Pfeffer aus der Mühle

So wird's gemacht

1. Die Möhren schälen und klein schneiden. Anschließend in 1/4 Liter Wasser 20 Minuten garen, abgießen und den Sud auffangen.
2. Die Möhren pürieren. Bis auf 1 Esslöffel die Butter in einer Pfanne erhitzen und die Instant-Flocken bis auf 1 Esslöffel darin kurz anschwitzen. Die Milch sowie den abgemessenen Möhrensud dazugeben.
3. Die Eier trennen. Die Eigelbe mit dem Möhrenpüree mischen und zu den Instant-Flocken geben. Das Möhrenpüree mit den Gewürzen und den Kräutern abschmecken.
4. Die Eiweiße sehr steif schlagen und unter das abgekühlte Möhrenpüree heben.
5. 4 kleine Förmchen mit der restlichen Butter einfetten und mit einigen Instant-Flocken ausstreuen. Die Flanmasse einfüllen, die Oberfläche glatt streichen und im vorgeheizten Backofen bei 200 °C (Gas: Stufe 3) 20–25 Minuten backen.
6. Für die Kräutersauce die Schalotte fein hacken und in der Butter weich, aber nicht braun schmoren. Dann mit dem Weißwein und der Gemüsebrühe ablöschen. Die Sauce etwas einkochen lassen. Die saure Sahne und die Instant-Flocken dazugeben und alles 5 Minuten quellen lassen.
7. Die Kräuter fein hacken und mit dem Zitronensaft in die Sauce rühren. Zum Schluss mit Salz und Pfeffer pikant abschmecken. Servieren Sie den warmen Flan zu der kalten Kräutersauce.

Gemüsepuffer mit Quark

388 kcal, 1627 kJ, 27,0 g KH, 27,1 g EW, 16,4 g F, 8,1 g B pro Portion

Zutaten für 2 Portionen

200 g Kartoffeln
1 Zwiebel
200 g TK-Blattspinat
2 EL Kürbiskerne
Salz, Pfeffer aus der Mühle
Muskatnuss, 1 EL Keimöl
Für den Dip:
200 g Magerquark
2–3 EL Buttermilch
1 EL Zitronensaft
2 Knoblauchzehen
1 EL grüne eingelegte Pfefferkörner
Kräutersalz
½ rote Paprikaschote
einige Salatblätter

So wird's gemacht

1. Die Kartoffeln schälen und roh grob in eine Schüssel mit Wasser reiben. Die Zwiebel schälen und fein würfeln. Den Blattspinat auftauen und abtropfen lassen. Die Kürbiskerne fein hacken.
2. Die Kartoffelraspel abgetropft in ein Küchentuch geben und die Feuchtigkeit, so gut es geht, ausdrücken. Anschließend mit den Zwiebelwürfeln, dem Blattspinat sowie den Kürbiskernen mischen und mit Salz, Pfeffer und Muskatnuss abschmecken.
3. Etwas Öl in einer beschichteten Pfanne erhitzen und nacheinander kleine Gemüsepuffer backen.
4. Für den Dip den Magerquark mit der Buttermilch und dem Zitronensaft glatt rühren.
5. Die Knoblauchzehen schälen und durch die Presse zum Quark drücken. Die Pfefferkörner grob hacken und unter den Quark rühren und mit Kräutersalz pikant abschmecken. Die Paprikaschote putzen, waschen und sehr fein würfeln und über den Quark streuen. Zum Schluss mit den Gemüsepuffern auf den Salatblättern anrichten.

Tipp:

Wenn Sie wenig Zeit haben, dann verrühren Sie für Ihre Gemüsepuffer 1 Beutel Gemüseküche Fix für Gemüsepuffer (von Knorr) mit 150 Milliliter kaltem Wasser, geben den aufgetauten Spinat dazu und backen die Puffer wie oben beschrieben.

Knoblauchnudeln mit Gemüse

516 kcal, 2155 kJ, 42,4 g KH,
16,5 g EW, 28,3 g F, 10,9 g B
pro Portion

Zutaten für 2 Portionen

150 g Auberginen
150 g Zucchini
300 g Tomaten
1 EL Olivenöl
1 Zwiebel
40 g Käse (30 % F i. Tr.)
1 TL Kräuter in Öl „Italiana" (von UBENA)
schwarzer Pfeffer aus der Mühle
100 g Vollkornnudeln (große Muscheln)
Salz
1 TL Kräuter in Öl „Knoblauch" (von UBENA)
3 EL gehackte Petersilie

So wird's gemacht

1. Die Aubergine und Zucchini putzen, waschen und fein würfeln. Von den Tomaten den grünen Stielansatz entfernen, die Früchte kurz in heißes Wasser tauchen, enthäuten, entkernen und grob hacken.
2. Das Öl in einer Pfanne erhitzen. Die Zwiebel schälen und fein würfeln. Anschließend in dem heißen Öl weich, aber nicht braun schmoren. Tomaten-, Auberginen- und Zucchiniwürfel dazugeben und unter Rühren etwa 5 Minuten dünsten.
3. Den Käse reiben. Kräuter, Sahne und den geriebenen Käse einrühren und mit Pfeffer abschmecken.
4. Die Vollkornnudeln in 1,5 Liter Salzwasser bissfest garen, abgießen, gut abtropfen lassen und mit dem Knoblauch sowie der Petersilie mischen. Zum Schluss das Gemüse zu den Nudeln geben und sofort servieren.

Tipp:

Zu Knoblauchnudeln schmecken alle Sommergemüse wie grüne Bohnen, Möhren, Erbsen, Zucchini, Blumenkohl, Brokkoli und Wirsing. Besonders fein ist die Kombination von frischen Champignons, Tomaten und schwarzen Oliven oder Spinat, Tomaten, Basilikum, Oliven und Schafskäse. Jedes Gemüse wird gegart und mit den heißen Nudeln gemischt.

Knödelgratin

495 kcal, 2101 kJ, 86,8 g KH,
14,3 g EW, 9,6 F, 4,4 g B
pro Portion

Zutaten für 2 Portionen

1 Packung 5-Minuten Knödel (von Pfanni)
Salz
250 g Zucchini
1 P. Tomato al Gusto Zwiebel-Knoblauch
50 g Gouda

So wird's gemacht

1. Die Knödel nach Packungsanleitung zubereiten. 1 Liter Salzwasser aufkochen. Den Topf von der Feuerstelle nehmen. Die Knödel einlegen und 5 Minuten ziehen lassen.
2. Die Knödel herausnehmen, abkühlen lassen und anschließend in dünne Scheiben schneiden.
3. Die Zucchini putzen, waschen und in dünne Scheiben schneiden. Fächerartig abwechselnd mit den Knödelscheiben in eine ofenfeste Auflaufform legen und mit der Tomatenzubereitung begießen.
4. Den Käse reiben und über den Auflauf geben. Dann im vorgeheizten Backofen bei 220 °C (Gas: Stufe 4) 20–25 Minuten überbacken.
(Foto Seite 111 oben)

Kartoffelgratin

390 kcal, 1635 kJ, 53,5 g KH, 20,0 g EW, 8,7 g F, 14,4 g B pro Portion

Zutaten für 2 Portionen

400 g Salatkartoffeln
300 g Brokkoli
150 g Möhren
30 g getrocknete Tomaten
1 Beutel Fix für Kartoffelgratin mit Lauch
100 g Hüttenkäse

So wird's gemacht

1. Die Kartoffeln waschen, 10 Minuten vorkochen, abgießen, pellen und in sehr dünne Scheiben schneiden.
2. Den Brokkoli in Röschen teilen. Den Stiel schälen und fein würfeln. Die Möhren ebenfalls schälen und klein schneiden. Die getrockneten Tomaten würfeln.
3. 375 Milliliter Wasser zum Kochen bringen, die Möhren und Brokkolistiele dazugeben und 5 Minuten köcheln lassen. Anschließend die Brokkoliröschen hinzufügen und weitere 5 Minuten garen. Das Gemüse herausnehmen, Fix für Kartoffelgratin einrühren und einmal aufkochen lassen.
4. Die Kartoffeln mit dem Gemüse in eine feuerfeste Auflaufform schichten. Mit der Sauce begießen und mit dem Hüttenkäse und den Tomatenwürfeln bestreuen. Abgedeckt im vorgeheizten Backofen bei 200 °C (Gas: Stufe 3) 25–30 Minuten backen. Für die letzten 10 Minuten die Backofentür öffnen und den Auflauf offen gratinieren.
(auf dem Foto unten)

Tipp:

Wenn Sie die Kartoffeln nicht vorkochen, muss der Auflauf 40–50 Minuten im Ofen bleiben.

Tipp:

Wenn Sie gerne Nudeln essen, dann sollten Sie sich eine Nudelmaschine kaufen. Mit ihr lässt sich der Teig sehr dünn ausrollen und zu verschiedenen Nudeln verarbeiten.
Jeder Nudelteig kann beliebig gewürzt werden. Mischen Sie den Teig zum Beispiel mit 1 Teelöffel getrockneten Kräutern, mit zerstoßenen getrockneten Steinpilzen, mit 2 Messerspitzen Safran oder mit zerstoßenen Gewürzen wie Pfefferkörner, Korianderkörner oder Anis.

Hausgemachte Nudeln

433 kcal, 1811 kJ, 52,3 KH, 14,8 g EW, 15,5 g F, 3,4 g B pro Portion

Zutaten für 2 Portionen

75 g Blütenzarte Kölln-Flocken
80 g Mehl
1 Ei
1 Eigelb
1 EL Olivenöl
3 Msp. Salz
Mehl zum Ausrollen
Salz

So wird's gemacht

1. Die zarten Haferflocken mit dem Mehl vermischen, Ei, Eigelb, 3 Esslöffel Wasser, Öl und Salz dazugeben und alles zu einem Teig verarbeiten. Anschließend den Teig mindestens 10 Minuten kräftig durchkneten, dann zu einer Kugel formen, in Frischhaltefolie wickeln und im Kühlschrank 60 Minuten ruhen lassen.
2. Den Teig auf einer bemehlten Arbeitsfläche dünn ausrollen und in beliebig breite Streifen schneiden.
3. Die Nudeln bei Zimmertemperatur mindestens 30 Minuten trocknen lassen. Dann in 2 Liter Salzwasser 8–10 Minuten garen.
4. Servieren Sie dazu eine Tomatensauce aus 500 Gramm Tomaten, 1 Zwiebel, 1 Knoblauchzehe sowie frischem Thymian und reichen Sie dazu frisch geriebenen Parmesan.

Vollkornspagetti mit Teufelssauce

509 kcal, 2128 kJ, 59,7 g KH, 18,2 g EW, 19,1 g F, 14,6 g B pro Portion

Zutaten für 2 Portionen

150 g Vollkornspagetti
1 TL Salz
1 große Zwiebel
1 Knoblauchzehe
½ gelbe Paprikaschote
1 Möhre
60 g Sellerie
60 g Aubergine
250 g Zucchini
2 Tomaten
1 EL Olivenöl
1 EL Butter
200 ml Instant-Gemüsebrühe
1–2 rote Chilischoten
½ Bund Schnittlauch
1 Zweig Thymian
1 TL Speisestärke
20 g Parmesan
Zum Garnieren:
weiße und grüne Spargelköpfe
6 getrocknete Morcheln (nach Belieben)
3 Kirschtomaten
Kerbel

So wird's gemacht

1. Die Vollkornspagetti in 1,5 Liter Salzwasser bissfest garen, abgießen und warm stellen.
2. Die Zwiebel und die Knoblauchzehe schälen und fein hacken. Die Paprikaschote putzen, die Möhre und den Sellerie schälen. Alles in sehr kleine Würfel schneiden. Aubergine und Zucchini waschen und ebenfalls fein würfeln. Von den Tomaten den grünen Stielansatz entfernen. Anschließend die Früchte kurz in heißes Wasser tauchen, enthäuten und entkernen, dann würfeln.
3. Das Olivenöl und die Butter in einem Topf erhitzen und das Gemüse darin 3 Minuten schmoren. Die Gemüsebrühe dazugießen und das Gemüse bei milder Hitze 10 Minuten köcheln lassen.
4. Die Chilischoten putzen und sehr fein würfeln. Den Schnittlauch in Röllchen schneiden, die Thymianblättchen von den Stielen zupfen und zum Gemüse geben.
5. Die Speisestärke mit wenig kaltem Wasser anrühren. Ebenfalls zum Gemüse geben und alles einmal aufkochen lassen. Dann den Schnittlauch und die Chiliwürfel einrühren und die Sauce mit Salz und Parmesan pikant abschmecken.
6. Die Spargelköpfe in wenig Salzwasser 5–8 Minuten garen. Die Morcheln 15 Minuten in heißem Wasser einweichen, dann im Einweichwasser 5–8 Minuten garen. Die Kirschtomaten halbieren, den Kerbel von den Stielen zupfen.
7. Die gekochten Spagetti dekorativ auf 2 Tellern anrichten. Die Teufelssauce darüber geben und die Teller mit den gekochten Spargelköpfen, den halbierten Kirschtomaten, den Morcheln sowie den Kerbelblättchen garnieren.

Brokkoli-Pasta mit Feta

503 kcal, 2105 kJ, 52,7 g KH, 24,5 g EW, 18,7 g F, 15,4 g B pro Portion

Zutaten für 2 Portionen

500 g Brokkoli
1 Kräuterling „Petersilie-Knoblauch"
Cayennepfeffer
150 g Vollkornspagetti
1 TL Salz
1 TL Keimöl
80 g Feta (griech. Schafskäse)

So wird's gemacht

1. Den Brokkoli in Röschen teilen. Die Stiele schälen und in Stifte schneiden.
2. Den Kräuterling in ¼ Liter Wasser auflösen. Zunächst die Brokkolistiele darin 5 Minuten garen. Dann die Röschen hinzufügen und weitere 5 Minuten köcheln lassen. Das Gemüse abgießen und die Brühe dabei auffangen. Mit Cayennepfeffer bestreuen.
3. Die Vollkornnudeln in 1,5 Liter Salzwasser bissfest garen, abgießen und sofort mit dem Keimöl und 4 Esslöffeln Brokkolikochwasser verrühren.
4. Die Spagetti in einer angewärmten Schüssel mit dem heißen Brokkoli mischen und den zerkleinerten Feta darüber streuen.

Tipp:

Nudeln galten ebenso wie Reis und Kartoffeln lange Zeit als Dickmacher. Heute ist erwiesen, dass das nicht stimmt. Kohlenhydratreiche Lebensmittel wie Nudeln, Reis, Kartoffeln, Gemüse, Vollkornprodukte und Müsli werden nur langsam verdaut. Sie halten deshalb lange vor und machen satt. Süße Sachen wie Kuchen, Konfitüre, Bonbons und Schokolade enthalten Kohlenhydrate, die schnell ins Blut gehen und dadurch auch schnell wieder hungrig machen.

Spagetti-Pizza

484 kcal, 2029 kJ, 44,1 g KH, 23,2 g EW, 20,9 g F, 3,7 g B pro Portion

Zutaten für 2 Portionen

100 g Spagetti
1 TL Salz
2 Eier
Pfeffer aus der Mühle
½ TL Oregano, getrocknet
1 gelbe Paprikaschote
100 g Zucchini
1 EL Keimöl
½ Packung Tomato al Gusto Champignons
60 g Mozzarella
etwas Basilikum

So wird's gemacht

1. Die Spagetti in 1,5 Liter Salzwasser bissfest garen, abgießen, mit kaltem Wasser abschrecken und sehr gut abtropfen lassen.
2. Die Eier mit Salz, Pfeffer und Oregano mischen. Dann zu den Spagetti geben und verrühren.
3. Die Paprikaschote in Ringe, das Stück Zucchini in Scheiben schneiden.
4. Das Öl in einer ofenfesten Form erhitzen, die Spagetti-Ei-Mischung hineingeben und bei milder Hitze auf der Unterseite goldgelb braten. Den Spagettifladen vorsichtig wenden.
5. Die Paprikaringe, Zucchinischeiben und die ½ Packung Tomato al Gusto auf der Spagetti-Pizza verteilen. Den Mozzarella in Scheiben schneiden und darüber legen.
6. Die Spagetti-Pizza überbacken bis der Käse geschmolzen ist und vor dem Servieren mit etwas Basilikum dekorieren.

Lasagne mit Pilzen

560 kcal, 2469 kJ, 60,9 g KH, 21,5 g EW, 26,3 g F, 8,9 g B pro Portion

Zutaten für 4 Portionen

400 g Austernpilze
400 g Champignons
1 Bund Suppengrün
1 Bund Petersilie
3 EL Keimöl
1 Packung Tomato al Gusto Kräuter
Salz
Pfeffer aus der Mühle
200 g Lasagne-Nudelplatten (ohne Vorkochen)

Für die Sauce:

½ l fettarme Milch
5 gehäufte EL klassische Mehlschwitze, hell
Salz
Pfeffer aus der Mühle
Muskatnuss

Außerdem:

Butter für die Form
40 g Käse

So wird's gemacht

1. Die Pilze mit einem feuchten Tuch abreiben, die Stiele kürzen. Die Pilze je nach Größe halbieren oder vierteln. Das Suppengrün putzen, waschen und in sehr feine Streifen schneiden. Die Petersilie hacken.
2. Das Keimöl in einem Topf erhitzen und zunächst das Suppengrün darin 3 Minuten schmoren, dann die Pilze hinzufügen und bei großer Hitze 5 Minuten garen. Die Tomatenzubereitung einrühren, einmal aufkochen lassen und mit Salz, Pfeffer und gehackter Petersilie abschmecken.
3. Die Nudelblätter einige Sekunden in lauwarmes Wasser tauchen und auf Frischhaltefolie ausbreiten.
4. Für die Sauce die Milch aufkochen lassen, die Mehlschwitze einrühren und 1 Minute köcheln lassen. Die Béchamelsauce mit Salz, Pfeffer und Muskatnuss pikant abschmecken.
5. Eine flache Auflaufform mit der Butter einfetten. Etwas Béchamelsauce auf den Boden streichen und schichtweise die Lasagneplatten, die Pilzfüllung, etwas Béchamelsauce usw. hineinfüllen. Die letzte Schicht besteht aus Nudelplatten, die mit Béchamelsauce bestrichen werden.
6. Zum Schluss den Käse reiben und darüber streuen. Die Lasagne im vorgeheizten Backofen bei 200 °C (Gas: Stufe 3) 25–30 Minuten garen.
7. Servieren Sie dazu eine Schüssel mit gemischtem Blattsalat. Wenn Sie zum Bestreuen der Lasagne einen fettarmen Käse verwenden, dann sollten Sie ihn erst die letzten 10 Minuten vor Garende über das Gericht streuen. Je magerer ein Käse ist, desto weniger neigt er zum Schmelzen, er wird schnell braun und schmeckt bitter.

Nudelauflauf mit Tomaten

647 kcal, 2699 kJ, 69 g KH, 23,2 g EW, 27,7 g F, 13,2 b B pro Portion

Zutaten für 2 Portionen

100 g Muschelnudeln
1 TL Salz
150 g Champignons
50 g getrocknete Tomaten ohne Öl
400 g Tomaten
1 EL Keimöl
1 Zwiebel
1 Knoblauchzehe
2 EL gehackte Petersilie
Salz
Cayennepfeffer

Für den Guss:

¼ l fettarme Milch
1 TL Instant-Gemüsebrühe
3 gehäufte EL klassische Mehlschwitze, hell
Butter für die Form
20 g Käse

So wird's gemacht

1. Die Nudeln in 1,5 Liter Salzwasser garen, abgießen und gut abtropfen lassen.
2. Die Champignons mit einem feuchten Tuch abreiben, die Stiele kürzen und die Pilzköpfe in dünne Scheiben schneiden. Die getrockneten Tomaten 30 Minuten in lauwarmem Wasser einweichen.
3. Von den frischen Tomaten den grünen Stielansatz entfernen. Die Früchte kurz in kochendes Wasser tauchen, enthäuten, entkernen und das Fruchtfleisch grob würfeln.
4. Das Öl in einer Pfanne erhitzen. Die Zwiebel und die Knoblauchzehe schälen und fein hacken. Anschließend in dem heißen Keimöl anschwitzen. Die Champignons dazugeben und 5 Minuten bei großer Hitze schmoren.
5. Tomatenwürfel und gehackte Petersilie einrühren und die Füllung mit Salz und Cayennepfeffer pikant abschmecken.
6. Die getrockneten Tomaten leicht trockentupfen, würfeln und zum Schluss zu der Champignon-Tomaten-Masse geben.
7. Für den Guss die Milch zusammen mit der Gemüsebrühe aufkochen. Die helle Mehlschwitze einrühren und 1 Minute köcheln lassen.
8. Eine ofenfeste Form einfetten, die Nudeln einfüllen, das Gemüse darüber geben, leicht mit den Nudeln mischen und mit der Béchamelsauce begießen. Zum Schluss den Käse reiben und darüber streuen.
9. Den Auflauf im vorgeheizten Backofen bei 200 °C (Gas: Stufe 3) 25–30 Minuten überbacken.

Dinkelpfanne mit Blumenkohl

486 kcal, 2035 kJ, 44,9 g KH, 22,8 g EW, 21,0 g F, 14,5 g B pro Portion

Zutaten für 2 Portionen

125 g Dinkel
2 TL Instant-Gemüsebouillon
500 g Blumenkohl
2 Tomaten
2 EL Keimöl
Salz
Pfeffer aus der Mühle
Muskatnuss
2 Eier
1 EL gehackte Petersilie

So wird's gemacht

1. Die Dinkelkörner in ½ Liter Wasser zum Kochen bringen. Die Instant-Gemüsebrühe dazugeben und 40–50 Minuten köcheln lassen. Die Dinkelkörner neben dem Herd 15 Minuten nachquellen lassen.
2. Den Blumenkohl putzen, waschen und in kleine Röschen teilen. Den Blumenkohl 5 Minuten köcheln lassen, dann abgießen und gut abtropfen lassen.
3. Von den Tomaten den grünen Stielansatz herausschneiden. Die Früchte kurz in kochendes Wasser tauchen, herausnehmen, abschrecken, enthäuten, entkernen und das Fruchtfleisch würfeln.
4. Das Öl in einer ofenfesten Form erhitzen und den Blumenkohl darin kurz andünsten. Den abgetropften Dinkel sowie die Tomaten dazugeben und mit Salz, Pfeffer und Muskat abschmecken.
5. Die Eier verquirlen und darüber gießen. Die Masse im vorgeheizten Backofen bei 180 °C (Gas: Stufe 2) 15–20 Minuten stocken lassen. Die Dinkelpfanne mit fein gehackter Petersilie bestreuen.

Tipp:

Bei Dinkel handelt es sich um eine Weizenart, die fast nur in Süddeutschland angebaut wird. Wird der noch nicht vollreife Dinkel nach dem Ernten gedarrt (gedörrt), dann heißt er Grünkern. Grünkern besitzt einen hohen Nährwert und gilt als besonders magenfreundlich.

Hirseauflauf mit Gemüse

522 kcal, 2176 kJ, 49,3 g KH, 18,3 g EW, 26,0 g F, 11,9 g B pro Portion

Zutaten für 2 Portionen

100 g Hirse
1 TL Instant-Gemüsebrühe
200 g Möhren
200 g Zucchini
100 g Tofu
1 Beutel Fix für Brokkoligratin
Butter für die Form
30 g Käse
1 EL Kürbiskerne

So wird's gemacht

1. Die Hirse gut waschen und in ⅛ Liter Wasser aufkochen, die Gemüsebrühe einrühren und 10 Minuten garen.
2. Die Möhren schälen, die Zucchini putzen. Gemüse und Tofu in dünne Scheiben schneiden.
3. Den Beutel für Brokkoligratin in ¼ Liter kaltes Wasser einrühren, erhitzen und 1 Minute köcheln lassen.
4. Eine ofenfeste Form einfetten und die Hirse abwechselnd mit dem Gemüse und dem Tofu einschichten. Zum Schluss Sauce darüber gießen. Den Käse darüber reiben und die Kürbiskerne darüber streuen.
5. Den Hirsegratin im vorgeheizten Backofen bei 200 °C (Gas: Stufe 3) 20–25 Minuten überbacken.

Tipp:

Hirse ist besonders eiweißreich. Versuchen Sie statt Hirse auch einmal Quinoa, eine südamerikanische Getreideart, die besonders reich an Vitamin B ist, oder Amaranth, nussartige Samenkörner, die ein wichtiges Nahrungsmittel in Mittelamerika sind. Beide werden etwa 15 Minuten gekocht und sollen anschließend 5–10 Minuten nachquellen.

Möhrencremesuppe

390 kcal, 1634 kJ, 30,5 g KH, 12,9 g EW, 22,2 g F, 11,2 g B pro Portion

Zutaten für 2 Portionen

400 g Möhren
2 EL Butter
6 EL Kölln Instant-Flocken
1 Stange Lauch
3/4 l Instant-Gemüsebrühe
Salz
Cayennepfeffer
etwas Zitronensaft
Muskatnuss
3 EL Jogurt
30 g Käse
1 Bund Petersilie

So wird's gemacht

1. Die Möhren waschen, schälen und in kleine Scheiben schneiden. Anschließend in wenig Wasser weich kochen und mit dem elektrischen Pürierstab pürieren.
2. Die Butter erhitzen und die Instant-Flocken darin goldgelb rösten.
3. Den Lauch putzen, waschen und in sehr dünne Ringe schneiden, zu den Haferflocken geben und 3 Minuten andünsten.
4. Die Gemüsebrühe dazugießen und alle Zutaten etwa 20 Minuten leise köcheln lassen.
5. Das Möhrenpüree zu den Haferflocken geben und weitere 8 Minuten köcheln lassen. Die Möhrencreme mit Salz, Cayennepfeffer, Zitronensaft und Muskatnuss pikant abschmecken.
6. Den Jogurt unter die Creme rühren. Den Käse reiben und ebenfalls unterrühren.
7. Die Petersilie putzen, waschen und sehr fein hacken. Die Hälfte unter die Möhrencreme rühren. Die andere Hälfte darüber streuen.

Tipp:

Möhren, Karotten oder Mohrrüben sind besonders leicht verdaulich und enthalten viele Nährstoffe. Da dieses Gemüse das ganze Jahr über erhältlich ist, sollten Sie sie häufig mittags oder abends auf den Tisch bringen.

Spargelcremesuppe mit Kräuterschnecken

335 kcal, 1398 kJ, 26,6 g KH, 11,9 g EW, 18,7 g F, 1,0 g B pro Portion

Zutaten für 4 Portionen

30 g Mehl
1/8 l Milch (1,5 % F)
1 Ei
Salz
1 EL Keimöl
100 g Frischkäse (Rahmstufe)
1 Eigelb
2 EL Speisestärke (z. B. Mondamin)
5 EL frische gehackte, gemischte Kräuter
Pfeffer aus der Mühle
2 Beutel Feinschmecker-Spargelcremesuppe
1 Tomate

So wird's gemacht

1. Das Mehl mit der Milch, dem Ei und Salz zu einem glatten Teig verrühren. Den Teig 30 Minuten ruhen lassen.
2. Das Öl in einer beschichteten Pfanne erhitzen und nacheinander 2 dünne Pfannkuchen backen. Die Pfannkuchen abkühlen lassen.

3. Den Frischkäse mit dem Eigelb und der Speisestärke verrühren. Anschließend die Kräuter darunter mischen und alles mit Salz und Pfeffer abschmecken. Diese Masse auf die Pfannkuchen streichen, aufrollen und fest in Frischhaltefolie einwickeln.
4. Die Pfannkuchenrollen in siedendem Wasser etwa 15 Minuten ziehen lassen. Die Rollen anschließend unter kaltem Wasser abschrecken, die Folie entfernen und die Frischkäse-Kräuter-Rouladen in dünne Scheiben schneiden.
5. Die Spargelcremesuppe nach Packungsanweisung zubereiten.
6. Von der Tomate den grünen Stielansatz entfernen. Die Frucht kurz in kochendes Wasser tauchen, enthäuten, entkernen und das Fruchtfleisch fein würfeln.
7. Die Spargelcremesuppe auf 4 Teller verteilen. Die Frischkäse-Kräuter-Schnecken darauf setzen und mit den Tomatenwürfeln garnieren.

Tipp:

Diese feine Suppe können Sie auch mit 2 Pfannkuchen zubereiten, die vom letzten Mahl übrig geblieben sind. Allerdings dürfen die Pfannkuchen nicht gesüßt sein.

Süße Leckereien

Nichts beruhigt Kopf und Bauch besser als eine himmlisch süße Leckerei. Die meisten Menschen – Groß und Klein, Alt und Jung – sind geradezu verrückt nach Süßspeisen. Obwohl bereits im alten Ägypten Süßspeisen aus Früchten, Honig und Nüssen begehrte Delikatessen waren, ist es erst dem großflächigen Anbau der Zuckerrübe im 19. Jahrhundert zu verdanken, dass Süßes populär wurde und man heutzutage süße Speisen in jeder Form zubereiten kann. Auf den folgenden Seiten finden Sie die feinsten Süßspeisen, noch dazu mit wenig Kalorien.

Himbeeren in Gelee

293 kcal, 1257 kJ, 65,8 g KH, 2,3 g EW, 2,0 g F, 7,8 g B pro Portion

Zutaten für 4 Portionen

1 l Kirschsaft
1 P. Kirschgötterspeise, gesüßt
400 g Himbeeren
100 g Vanilleeis
1 Flasche Himbeersauce
(von Schwartau)
einige Blättchen Pfefferminz
einige Blätter weiße Schokolade

So wird's gemacht

1. Den Kirschsaft aufkochen lassen und die Götterspeise einrühren. Dabei darf der Saft aber nicht mehr kochen.
2. Die Himbeeren verlesen, eventuell waschen und gut abtropfen lassen. Einige Früchte zum Garnieren auf die Seite legen. Die Götterspeise abkühlen lassen und kurz bevor sie zu gelieren beginnt, die Himbeeren hinzufügen.
3. Eine kleine Gugelhupfform mit kaltem Wasser ausspülen, den Kirschsaft mit den Himbeeren einfüllen und mindestens 3 Stunden im Kühlschrank festwerden lassen.
4. Für die Sauce vor dem Servieren das Vanilleeis etwas antauen lassen. Dann durchrühren und zusammen mit der Himbeersauce mischen, sodass die Eissauce meliert ist.
5. Die Schüssel mit dem Gelee kurz in heißes Wasser tauchen und die Götterspeise auf eine Platte stürzen. Mit den zurückgelegten Himbeeren, den Blättern weiße Schokolade sowie etwas Pfefferminz garnieren. Die Himbeer-Eis-Sauce getrennt dazu reichen.

Tipp:

Für dieses Gelee können Sie statt der Himbeeren auch gekochte und entkernte Sauerkirschen verwenden. Wer auf die Sauce verzichtet, spart einige Kalorien.

Beerengrütze

235 kcal, 984 kJ, 41,4 g KH,
4,8 g EW, 3,9 g F, 11,1 g B
pro Portion

Zutaten für 4 Portionen
250 g Himbeeren
300 g Johannisbeeren
(rot und schwarz)
250 g Erdbeeren
100 g Heidelbeeren
½ l roter Traubensaft
⅛ l schwarzer Johannisbeersaft
etwas abgeriebene Zitronenschale
1 Vanilleschote
1 Prise Zimt
flüssige Süßstoff
2 EL Speisestärke (z. B. Mondamin)
Außerdem:
1 Flasche Sahnesauce
(von Schwartau)
etwas Zitronenmelisse zum Garnieren

So wird's gemacht

1. Die Früchte putzen, waschen und sehr gut abtropfen lassen. Große Früchte halbieren. Einige schöne Früchte zum Garnieren beiseite legen.
2. Den Traubensaft zusammen mit dem Johannisbeersaft, der Zitronenschale sowie der aufgeschlitzten Vanilleschote und dem Zimt zum Kochen bringen.
3. Etwas Süßstoff und kaltes Wasser mit der Speisestärke mischen, in den Fruchtsaft gießen und einmal aufkochen lassen. Die Früchte hinzufügen und ½ Minute sprudelnd kochen lassen.
4. Die Vanilleschote entfernen. Die Grütze in hohe Gläser füllen und im Kühlschrank abkühlen lassen.
5. Vor dem Servieren die Grütze mit etwas Sahnesauce begießen. Mit den Melisseblättchen und den zurückgelegten Früchten garnieren.

Stachelbeergrütze

440 kcal, 1841 kJ, 50,6 g KH, 5,5 g EW, 22,2 g F, 5,2 g B pro Portion

Zutaten für 4 Portionen

500 g Stachelbeeren
200 ml Apfelsaft
flüssiger Süßstoff
1. P. Vanillezucker
2 EL Speisestärke
Für die Sauce:
4 Eier
200 g süße Sahne (28 % F)
4 EL Zucker
2 EL Zitronensaft
Außerdem:
einige weiße Schokoblättchen zum Garnieren

So wird's gemacht

1. Die Stachelbeeren putzen, waschen und gut abtropfen lassen.
2. Den Apfelsaft mit 100 Millilitern Wasser und etwas Süßstoff zum Kochen bringen. Den Vanillezucker und die Stachelbeeren hinzufügen und 5–8 Minuten garen. Die Stachelbeeren müssen weich sein, dürfen aber nicht zerfallen.
3. Mit einer Schaumkelle ⅓ der gegarten Stachelbeeren herausnehmen und gut abtropfen lassen. Den Rest mit einer Gabel zerdrücken.
4. Die Speisestärke mit etwas kaltem Wasser anrühren, zu den heißen Stachelbeeren gießen und einmal aufkochen lassen. Die zurückgelegten Stachelbeeren wieder hinzufügen und die Grütze abkühlen lassen.
5. Für die Sauce die Eier trennen. Die Eiweiße anderweitig verwenden. Die Eigelbe mit der Sahne, dem Zucker und dem Zitronensaft mischen. Anschließend im Wasserbad etwa 10 Minuten sehr schaumig schlagen. Danach die Sauce über kaltem Wasser so lange weiterrühren, bis sie abgekühlt ist.
6. Die Grütze auf 4 Teller verteilen, mit etwas Sauce begießen und mit ein paar weißen Schokoblättchen garnieren.

Tipp:

Wenn's einmal schnell gehen soll und Sie zu der Stachelbeergrütze eine leichtere Sauce mögen, dann verwenden Sie stattdessen 1 Flasche Sahnesauce von Schwartau.

Buttermilchgelee

193 kcal, 810 kJ, 26,3 g KH, 11,2 g EW, 2,7 g F, 0,1 g B pro Portion

Zutaten für 4 Portionen

½ l Buttermilch
flüssiger Süßstoff
Saft von 1 Zitrone
6 Blatt rote Gelatine
Für die Sauce:
½ l fettarme Milch
1 Msp. Safranpulver
etwas abgeriebene Zitronenschale
1 P. Dessertsauce Vanille
1 P. Vanillezucker
2 EL Zucker
2 cl Himbeergeist
Außerdem:
einige Himbeeren
Melisseblättchen zum Garnieren

So wird's gemacht

1. Die Buttermilch mit etwas Süßstoff und dem Zitronensaft in einer Schüssel verrühren.
2. Die Gelatine 10 Minuten in kaltem Wasser einweichen. Anschließend gut ausdrücken und bei milder Hitze verflüssigen. Dann schnell unter die Buttermilch rühren.
3. Kleine Dessertförmchen mit kaltem Wasser ausspülen und das Buttermilchgelee einfüllen. Im Kühlschrank mindestens 3 Stunden festwerden lassen.
4. Für die Sauce die Milch mit dem Safranpulver und etwas Zitronenschale einmal aufkochen lassen. Das Saucenpulver mit etwas kaltem Wasser anrühren. Den Vanillezucker sowie den Zucker dazugeben, in die heiße Milch einrühren und einmal aufkochen, dann abkühlen lassen. Zum Schluss den Himbeergeist unterrühren.
5. Die Vanillesauce auf 4 Tellern verteilen. Die Förmchen mit dem Buttermilchgelee kurz in kochendes Wasser tauchen. Dann das Gelee auf die Vanillesauce stürzen und mit einigen Himbeeren und Melisseblättchen garnieren.

Tipp:

Statt mit Zitronensaft können Sie die Buttermilch auch mit 50 Milliliter Orangen- oder Grapefruitsaft verrühren.

Fruchtkaltschale

164 kcal, 689 kJ, 31,1 g KH, 3,2 g EW, 1,2 g F, 10,3 g B pro Portion

Zutaten für 4 Portionen

300 g Kirschen
200 g Erdbeeren
200 g Himbeeren
200 g rote Johannisbeeren
200 g Brombeeren
¼ l roter Johannisbeersaft
1 EL Speisestärke (z. B. Mondamin)
flüssiger Süßstoff
1 P. Vanillezucker

So wird's gemacht

1. Die Früchte putzen, waschen, bei Bedarf entsteinen und gut abtropfen lassen. Größere Erdbeeren halbieren oder vierteln. Die Früchte auf 4 Tellern verteilen.
2. Den Johannisbeersaft zum Kochen bringen. Die Speisestärke mit etwas kaltem Wasser glatt rühren und zu dem Johannisbeersaft gießen. Einmal kräftig durchrühren und aufkochen lassen. Dann mit Süßstoff süßen und mit dem Vanillezucker aromatisieren.
3. Den gebundenen Johannisbeersaft über die Früchte gießen und abkühlen lassen.
   Dazu schmeckt kalte Milch oder ein Klecks süße Sahne.

Tipp:

Wenn Sie keine frischen Früchte bekommen können, weil die Saison vorbei ist, greifen Sie jetzt auf Tiefkühlprodukte zurück. Die Beeren werden direkt nach der Ernte tiefgefroren, sodass alle Vitamine erhalten bleibe.

Aprikosen-Johannisbeer-Förmchen

142 kcal, 594 kJ, 30,9 g KH, 1,3 g EW, 0,2 g F, 4,2 g B pro Portion

Zutaten für 4 Portionen

- *3 EL Speisestärke (z. B. Mondamin)*
- *¼ l Aprikosennektar*
- *flüssiger Süßstoff*
- *1 Vanilleschote*
- *1 unbehandelte Zitrone*
- *250 g frische Aprikosen*
- *100 g rote Johannisbeeren*
- *100 g schwarze Johannisbeeren*

So wird's gemacht

1. Die Speisestärke mit etwas kaltem Wasser glatt rühren. Den Aprikosennektar mit etwas Süßstoff und der aufgeschlitzten Vanilleschote zum Kochen bringen. Die angerührte Speisestärke dazugießen und einmal aufkochen lassen.
2. Die Zitrone heiß waschen, trockenreiben, etwas Schale zum Aprikosennektar reiben und den Saft auspressen.
3. Den Zitronensaft mit dem gebundenen Aprikosennektar verrühren und abkühlen lassen. Dann die aufgeschlitzte Vanilleschote entfernen.
4. Die Aprikosen waschen, trockentupfen, halbieren und entsteinen. (Aprikosenhälften aus der Dose gut abtropfen lassen.) Die Aprikosen in schmale Streifen schneiden.
5. Die Johannisbeeren waschen, von den Rispen zupfen und ebenfalls gut abtropfen lassen.
6. Die Aprikosenstreifen und die Johannisbeeren mit dem Aprikosennektar kurz erwärmen.
7. Kleine Förmchen mit kaltem Wasser ausspülen und die Fruchtmasse einfüllen, im Kühlschrank vollständig festwerden lassen.
8. Vor dem Servieren die Förmchen kurz in heißes Wasser tauchen und die Fruchtzubereitung auf Teller stürzen. Dazu schmeckt ein Klecks Sahnejogurt, der nach Geschmack mit etwas Honig gesüßt werden kann.

Tipp:

Statt Aprikosen können Sie für dieses fruchtige Dessert auch vollreife Pfirsiche oder Nektarinen verwenden. Weil man den Aprikosen von außen nicht ansieht, ob sie saftig oder mehlig sind, sollten Sie sie vor dem Kauf probieren.

Beerenschaum

303 kcal, 1267 kJ, 38,4 g KH, 12,6 g EW, 9,1 g F, 5,2 g B pro Portion

Zutaten für 4 Portionen

4 Eier
4 EL Zucker
300 g gemischte Beeren (Stachelbeeren, Himbeeren, Erdbeeren, Johannisbeeren)
12 EL kernige Haferflocken (z. B. von Kölln)

So wird's gemacht

1. Die Eier trennen. Die Eiweiße mit 1 Esslöffel Zucker zu sehr steifem Schnee schlagen und kühl stellen.
2. Die Eigelbe mit dem restlichen Zucker im Wasserbad etwa 10 Minuten sehr schaumig aufschlagen. Anschließend die Eiercreme in einer Schüssel mit Eiswasser kaltschlagen. Den Eischnee unter die kalte Eiercreme ziehen.
3. Die Beeren putzen, waschen und sehr gut abtropfen lassen. Einige Früchte zum Garnieren beiseite legen, die restlichen Früchte pürieren und durch ein Sieb streichen. Dann mit der Eierschaummasse und – bis auf einen kleinen Rest – den Haferflocken vorsichtig mischen.
4. Den Beerenschaum in 4 Schalen anrichten und im Kühlschrank 30 Minuten ziehen lassen. Mit den zurückgelegten Beeren und einigen Haferflocken garnieren.

Tipp:

Weil der Beerenschaum nicht mit Gelatine gestützt wird, sollten Sie ihn nicht länger als 60 Minuten stehen lassen, sonst fällt er zusammen.

Rhabarberschaum

236 kcal, 989 kJ, 33,8 g KH, 8,8 g EW, 5,6 g F, 6,3 g B pro Portion

Zutaten für 4 Portionen

100 g kernige Haferflocken (z. B. von Kölln)
3 EL Zucker
1 unbehandelte Zitrone
1/8 l weißer Traubensaft (oder Weißwein)
1 Zimtstange
750 g Rhabarber
2 EL Kölln Instant-Flocken
flüssiger Süßstoff
2 Eier

So wird's gemacht

1. Die Haferflocken in einer Pfanne ohne Fett leicht rösten. Dann den Zucker dazugeben. Sobald sich Zucker und Haferflocken verbunden haben, die Masse auf geöltes Pergamentpapier legen und abkühlen lassen.
2. Die Zitrone heiß abwaschen, abtrocknen und die Schale in einen Topf reiben. Den Traubensaft (oder den Weißwein) und die Zimtstange hinzufügen und alles zum Kochen bringen.
3. Den Rhabarber putzen, waschen, in 3 Zentimeter lange Stücke schneiden und zu dem Saft geben. Anschließend im geschlossenen Topf 8–10 Minuten köcheln lassen. Das Rhabarberkompott auskühlen lassen. Dann die Zimtstange entfernen und die Instant-Flocken einrühren. Das Kompott mit Süßstoff süßen.
4. Die Eier trennen. Die Eigelbe anderweitig verwenden. Die Eiweiße zu steifem Schnee schlagen und vorsichtig unter die Hälfte des abgekühlten Rhabarberkompotts ziehen. Den Rhabarberschnee und das Rhabarberkompott schichtweise in Dessertgläser füllen und mit den zerkleinerten Röstflocken bestreuen.

Bananensorbet auf Mangospalten

129 kcal, 537 kJ, 27,7 g KH, 1,1 g EW, 0,3 g F, 3,3 g B pro Portion

Zutaten für 6 Portionen

2 EL Rohrzucker
(aus dem Reformhaus)
200 ml aromatischer schwarzer Tee
4 reife Bananen
Saft von 1 Limette
2 EL Limettensirup
Außerdem:
2 reife Mangofrüchte
3 EL Orangensaft
1 cl brauner Rum
einige Blättchen Zitronenmelisse

So wird's gemacht

1. Den Zucker mit dem Tee zum Kochen bringen und so lange erhitzen, bis sich der Zucker vollständig aufgelöst hat.
2. Die Bananen schälen und mit einer Gabel zermusen. Das Bananenmus mit dem abgekühlten Tee mischen.
3. Den Limettensaft und den Limettensirup dazugeben und alles im Mixer durchrühren.
4. Die Masse in eine flache Form geben und 2 Stunden im Gefrierschrank festwerden lassen. Dabei alle 30 Minuten mit 2 Gabeln kräftig durchrühren.
5. Die Mango schräg vom Kern schneiden, schälen und anschließend in dünne Spalten schneiden.
6. Den Orangensaft mit dem Rum mischen und über die Mangospalten gießen.
7. Die marinierten Mangospalten auf Desserttellern anrichten, das fertige Bananensorbet mit einem Eislöffel portionieren und darüber geben. Mit der Zitronenmelisse garnieren.

Tipp:

Frische Mango werden heute bei uns fast das ganze Jahr über angeboten. Sie sind reif, wenn sie auf Fingerdruck leicht nachgeben. Weil sie einen sehr großen Kern besitzen, ist es besser, sie ungeschält vom Kern zu schneiden und anschließend erst die Haut abzuziehen.

Wackelapfel

*106 kcal, 443 kJ, 20,7 KH,
3,0 g EW, 0,7 g F, 4,4 g B
pro Portion*

Zutaten für 4 Portionen

6 Blatt weiße Gelatine
½ l Apfelsaft
1 Vanilleschote
flüssiger Süßstoff
3 Äpfel, z. B. Golden Delicious

So wird's gemacht

1. Die Gelatine 10 Minuten in kaltem Wasser einweichen.
2. Den Apfelsaft mit der aufgeschlitzten Vanilleschote erhitzen und nach Geschmack süßen.
3. Die Gelatine gut ausdrücken und in dem heißen, aber nicht mehr kochenden Apfelsaft auflösen. Die Vanilleschote herausnehmen.
4. Den Apfelsaft abkühlen und angelieren lassen.
5. Die Äpfel schälen, vierteln und das Kerngehäuse entfernen. Das Fruchtfleisch fein würfeln.
6. Sobald der Apfelsaft beginnt festzuwerden, die Apfelwürfel untermischen.
7. Beliebige Förmchen kalt ausspülen, das Gelee einfüllen und im Kühlschrank mindestens 3 Stunden festwerden lassen.
8. Vor dem Servieren die Förmchen kurz in heißes Wasser tauchen und das Gelee auf Teller oder eine Platte stürzen.
   Servieren Sie dazu eine Vanillesauce oder leicht geschlagene süße Sahne.

Tipp:

Sie mögen lieber Birnen? Dann bereiten Sie sich dieses Gelee aus Birnensaft und frischen Birnen zu.

Würziger Vollkornstollen

349 kcal, 1460 kJ, 45,7 g KH, 8,8 g EW, 12,9 g F, 5,3 g B pro Scheibe

Zutaten für 14 Scheiben

500 g Weizenvollkornmehl
1 ½ P. Backpulver
100 g Butter
100 g Rohrzucker
1 Ei
250 g Quark (10 % F.)
½ TL Salz
etwas Zitronenschale einer unbehandelten Zitrone
etwas Orangenschale einer unbehandelten Orange
1 TL Zimt
1 TL Lebkuchengewürz
200 g kalifornische Rosinen
100 g Zitronat
100 g gehackte Mandeln
Außerdem:
3 EL Butter
1 P. Vanillezucker

So wird's gemacht

1. Das Mehl mit dem Backpulver in einer Schüssel mischen. Die Butter in Flöckchen, den Rohrzucker sowie das Ei und den Quark dazugeben und alle Zutaten grob miteinander mischen.
2. Nun etwas Zitronen- und Orangenschale in den Teig reiben und den Zimt und das Lebkuchengewürz dazugeben. Alle Zutaten zu einem geschmeidigen Teig verarbeiten. Sollte der Teig zu fest sein, fügen Sie noch 1 Eigelb oder etwas Butter hinzu.
3. Die Rosinen heiß abwaschen und gut trockenreiben. Anschließend mit dem Zitronat und den gehackten Mandeln zum Teig geben und alle Zutaten noch einmal durchkneten.
4. Den Teig zu einem Stollen formen und auf ein mit Backpapier ausgelegtes Backblech setzen. Anschließend im vorgeheizten Backofen bei 180 °C (Gas: Stufe 2) 55–60 Minuten backen.
5. Die Butter flüssig werden lassen und den heißen Vollkornstollen damit bestreichen. Sofort mit dem Vanillezucker bestreuen.

Tipp:

Im Gegensatz zu Stollen aus Hefeteig sollten Sie dieses Gebäck mit Backpulver nicht länger als 1 Woche aufbewahren. Sie können den Stollen aber auch ganz oder in Scheiben geschnitten einfrieren.

Gefüllte Nusskrapfen

190 kcal, 797 kJ, 16,8 g KH, 2,9 g EW, 11,6 g F, 2,1 g B pro Stück

Zutaten für 18 Stück

80 g getrocknete Aprikosen
etwas Orangensaft
250 g Weizenvollkornmehl
180 g kalte Butter
100 g Zucker
etwas Zitronenschale einer unbehandelten Zitrone
50 g gemahlene Haselnüsse
2 Eigelb
2 Msp. Salz
9 geschälte Mandeln

So wird's gemacht

1. Die Aprikosen mit etwas Orangensaft begießen und 1 Stunde quellen lassen.
2. Inzwischen das Vollkornmehl in eine Schüssel geben. Die kalte Butter in Flöckchen darauf setzen. Den Zucker, die abgeriebene Zitronenschale, die Haselnüsse sowie die beiden Eigelbe und das Salz hinzufügen und alle Zutaten zu einem geschmeidigen Teig verarbeiten.
3. Den Teig in Pergamentpapier wickeln und 15 Minuten kühl stellen.
4. Inzwischen die eingeweichten Aprikosen in 18 gleich große Stücke teilen. Die Mandeln halbieren.
5. Aus dem Teig 18 Kugeln formen und in die Mitte jeweils 1 Stück Aprikose drücken und den Teig darüber gut verschließen.
6. Die Nusskrapfen auf ein mit Backpapier belegtes Backblech setzen und auf jede Kugel eine halbierte Mandel legen.
7. Die gefüllten Nusskrapfen im vorgeheizten Backofen bei 180 °C (Gas: Stufe 2) 8–10 Minuten goldgelb backen.

Tipp:

Statt des Weizenvollkornmehls können Sie auch fein gemahlenes Dinkelmehl verwenden, wobei Sie die Haselnüsse dann durch gemahlene Mandeln ersetzen sollten.

Hafer-Quark-Pudding mit Sommerbeeren

509 kcal, 2128 kJ, 63,0 g KH, 20,9 g EW, 16,1 g F, 6,3 g B pro Portion

Zutaten für 6 Portionen

60 g Butter
4 Eier
100 g Zucker
1 unbehandelte Zitrone
250 g Magerquark
250 g Blütenzarte Köllnflocken
½ l Magermilch
2 EL Mehl
½ P. Backpulver
1 Prise Salz
Butter für die Form

Außerdem:

500 g gemischte Beeren (Johannisbeeren, Stachelbeeren, Brombeeren)
⅛ l Johannisbeersaft
1 TL Speisestärke
flüssiger Süßstoff

So wird's gemacht

1. Die Butter weich werden lassen und mit Eiern und Zucker sehr schaumig rühren.
2. Die Zitrone heiß abwaschen, abtrocknen und die Schale zum Teig reiben. Anschließend die Frucht auspressen und den Saft ebenfalls zum Eier-Zucker-Gemisch geben.
3. Den Magerquark durch ein feines Sieb streichen und abwechselnd mit den Haferflocken, der Milch, dem Mehl, dem Backpulver sowie etwas Salz unter den Teig rühren.
4. Eine Pudding- oder Napfkuchenform gut mit weicher Butter einfetten und den Teig einfüllen.
5. Die Form mit einem Deckel oder Alufolie verschließen und im Wasserbad 90 Minuten stocken lassen. Anschließend den Pudding auf eine Platte stürzen und in dicke Scheiben schneiden.
6. Die Beeren putzen, waschen und gut abtropfen lassen. Den Johannisbeersaft einmal aufkochen lassen.
7. Die Speisestärke mit etwas kaltem Wasser glatt rühren, in den heißen Saft rühren und einmal aufkochen lassen. Anschließend mit Süßstoff süßen und über die Beeren gießen.

Tipp:

Servieren Sie je nach Belieben den warmen Pudding mit kaltem Kompott oder machen Sie es umgekehrt und richten den abgekühlten Hafer-Quark-Pudding mit warmem Kompott an.

Rüblibrot

119 kcal, 497 kJ, 12,3 g KH, 3,8 g EW, 5,7 g F, 2,4 g B pro Scheibe

Zutaten für 8 Scheiben

250 g Möhren
1 TL Keimöl
½ TL Salz, 50 g Zucker
2 EL Sonnenblumenkerne
2 EL Sesam
150 g Blütenzarte Köllnflocken
40 g Weizenmehl (Type 550)
1 Würfel Hefe
Außerdem:
Butter für die Form
30 g Blütenzarte Köllnflocken

So wird's gemacht

1. Die Möhren waschen, schälen und sehr fein reiben. Das Öl erhitzen und die Möhren darin kurz dünsten, dann abkühlen lassen.
2. Die abgekühlten Möhren mit 350 Milliliter lauwarmem Wasser, etwas Salz, Zucker, Sonnenblumenkernen, Sesam, Haferflocken und Mehl in eine Schüssel geben.
3. Die Hefe über das Mehl bröckeln und alle Zutaten zu einem glatten Teig verkneten.
4. Den Teig an einem warmen Ort abgedeckt 30 Minuten gehen lassen. Anschließend den Teig noch einmal durchkneten und in eine gefettete Kastenform geben. Abgedeckt weitere 20 Minuten gehen lassen. Danach den Teig mit lauwarmem Wasser bestreichen und mit den Haferflocken bestreuen. Das Brot im vorgeheizten Backofen bei 200 °C (Gas: Stufe 3) 55–60 Minuten backen.

Tipp:

Geben Sie 2 Esslöffel Schnittlauchröllchen oder Thymianblätter unter den Teig, dann wird er würziger.

Vollwert-Linzertorte

335 kcal, 1405 kJ, 28,4 g KH, 6,0 g EW, 20,3 g F, 2,1 g B pro Stück

Zutaten für 12 Stück

2 Eier
100 g flüssiger Honig
125 g Butter
1 TL Zimt
1 TL Lebkuchengewürz
1 Prise Nelkenpulver
abgeriebene Schale von
1 unbehandelten Zitrone
2 EL Rum
200 g gemahlene Haselnüsse
225 g Dinkelmehl
1 TL Weinsteinbackpulver
Butter für die Form
125 g Johannisbeer- oder
Himbeerkonfitüre

So wird's gemacht

1. Eines der Eier trennen. Den Honig leicht erwärmen, die Butter weich werden lassen. Honig mit Butter, einem Ei und einem Eigelb sehr schaumig rühren. Anschließend die Gewürze und den Rum sowie die gemahlenen Haselnüsse dazugeben und alles gründlich miteinander vermengen.
3. Das Mehl mit dem Backpulver mischen und über den Teig sieben. Alle Zutaten kräftig verkneten. Eine Springform gut einfetten und ⅔ des Teigs auf den Boden legen. Die Teigoberfläche mit der Konfitüre bestreichen.
4. Den restlichen Teig zwischen Frischhaltefolie dünn ausrollen, Streifen schneiden und gitterförmig auf die Konfitüre legen.
5. Das Eiweiß halb steif schlagen und die Teigstreifen damit mehrmals bestreichen. Die Linzertorte im vorgeheizten Backofen bei 200 °C (Gas: Stufe 3) 30–35 Minuten überbacken.

Schneller Apfelkuchen

189 kcal, 793 kJ, 30,3 g KH, 7,1 g EW, 3,7 g F, 1,7 g B pro Stück

Zutaten für 10 Stück

1 Beutel Fixteig für Obstkuchen
1/8 l lauwarme fettarme Milch
Butter für die Form
Für den Belag:
250 g Magerquark
50 g Zucker
1 Ei
1 EL Speisestärke (z. B. Mondamin)
Schale von 1 unbehandelten Zitrone
3 große Äpfel
2 EL Rosinen

So wird's gemacht

1. Den Fixteig nach Packungsanweisung mit der Milch zubereiten.
2. Die Springform gut mit Butter einfetten und den Teig einfüllen. Dabei einen 1,5 Zentimeter hohen Rand formen.
3. Für den Belag Quark mit Zucker, Ei, Speisestärke und abgeriebener Zitronenschale gut verrühren und auf den Teig streichen.
4. Die Äpfel schälen, vierteln, das Kerngehäuse entfernen und die Apfelviertel in sehr dünne Scheiben schneiden.
5. Die Apfelspalten dachziegelartig auf der Quarkmasse verteilen. Den Apfelkuchen mit den Rosinen bestreuen und im vorgeheizten Backofen bei 200 °C (Gas: Stufe 3) 35–40 Minuten backen.

Tipp:

Dieser schnelle Apfelkuchen glänzt besonders appetitlich, wenn Sie die Oberfläche nach dem Backen mit etwas erwärmtem Apfel- oder Quittengelee bestreichen.

Quark-Früchte-Kuchen

432 kcal, 1809 kJ, 44,8 g KH, 10,5 g EW, 21,4 g F, 2,8 g B pro Stück

Zutaten für 16 Stück

200 g Butter
125 g Zucker
1 P. Vanillezucker
200 g Mehl
50 g gehackte Mandeln
2 TL Backpulver
3 Eier
50 ml Milch (1,5 % F)
Außerdem:
75 g Butter
70 g Puderzucker
2 Beutel Citro-back
3 Eier
500 g Magerquark
100 g Zitronat
50 g gehackte Mandeln
1 P. Vanillepudding
1 Dose Aprikosen (485 g Abtropfgewicht)
1 Glas Sauerkirschen (385 g Abtropfgewicht)
300 g Heidelbeeren
etwas Dekor-Schnee
2 EL gehackte Pistazien zum Garnieren

So wird's gemacht

1. Die Butter weich werden lassen. Dann mit dem Zucker und dem Vanillezucker sehr schaumig rühren. Das gesiebte Mehl und die Mandeln dazugeben. Das Backpulver darüber streuen und die Zutaten locker miteinander vermengen.
2. Die Eier mit der Milch verrühren und zum Schluss zum Teig geben. Alle Zutaten mit dem elektrischen Handrührgerät 3 Minuten mischen.
3. Ein tiefes Backblech mit Backpapier auslegen. Den Teig hineingeben und im vorgeheizten Backofen bei 200 °C (Gas: Stufe 3) 20 Minuten vorbacken.
4. Inzwischen die Butter mit dem gesiebten Puderzucker, dem Zitronenaroma sowie den Eiern verrühren. Den Quark einrühren und zum Schluss das Zitronat, die Mandeln und das Puddingpulver dazugeben.
5. Die Früchte gut abtropfen lassen.
6. Die Quarkmasse auf den vorgebackenen Teig streichen und mit den Früchten belegen. Weitere 30–35 Minuten bei 200 °C backen.
7. Den abgekühlten Kuchen in Quadrate oder Dreiecke schneiden. Mit etwas Dekor-Schnee bestäuben und mit den gehackten Pistazien verzieren.

Tipp:

Statt Magerquark können Sie zum Kuchen backen auch sehr gut Schichtkäse verwenden.

Obsttorte mit Mangocreme

271 kcal, 1132 kJ, 39,7 g KH, 3,5 g EW, 9,6 g F, 1,9 g B pro Stück

Zutaten für 8 Stück

2 Eier
60 g Zucker
Schale von ½ unbehandelten Zitrone
40 g Speisestärke (z. B. Mondamin)
40 g Mehl
½ TL Backpulver
Butter für die Form
Für die Creme:
1 Dose Mangoscheiben (425 g)
40 g Speisestärke
2 EL Zitronensaft
200 g süße Sahne (28 % F.)

Außerdem:

400 g frische gemischte Früchte (z. B. Kiwi, Heidelbeeren, Erdbeeren, Himbeeren, Mango, Pfirsiche)
1 P. Tortenguss klar

So wird's gemacht

1. Die Eier trennen.
2. Die Eiweiße mit 2 Esslöffeln kaltem Wasser mit dem elektrischen Handrührgerät auf höchster Stufe steif schlagen. Den Zucker und abgeriebene Zitronenschale unter Rühren einrieseln lassen.
3. Bei niedrigster Stufe die Eigelbe unter die Eiweißmasse ziehen. Zum Schluss die Speisestärke mit dem Mehl und dem Backpulver darüber sieben und alles vorsichtig miteinander mischen.
4. Den Boden einer Tortenform einfetten, den Teig einfüllen und im vorgeheizten Backofen bei 200 °C (Gas: Stufe 3) 20–25 Minuten backen.
5. Den gebackenen Tortenboden 10 Minuten in der Form ruhen lassen. Dann auf ein Kuchengitter stürzen und auskühlen lassen.
6. Für die Creme die Mangoscheiben in ihrem Saft pürieren und zum Kochen bringen.
7. Die Speisestärke mit etwas kaltem Wasser anrühren. Zum Mangopüree geben und alles einmal aufkochen lassen. Anschließend mit Zitronensaft abschmecken und abkühlen lassen.
8. Die süße Sahne steif schlagen und unter die abgekühlte Mangocreme ziehen.
9. Die Mangocreme auf den Tortenboden verteilen und 1–2 Stunden kühl stellen.
10. Die Früchte putzen, waschen, gut abtropfen lassen und je nach Größe zerkleinern. Die Früchte dekorativ auf der Mangocreme anrichten.
11. Den Tortenguss nach Anweisung zubereiten und zum Schluss über die Früchte verteilen.

Rezeptverzeichnis

Zum gleichen Thema sind bei Bassermann bereits erschienen:
Die gesunde Schlankheitskur (ISBN 3-8094-0178-1)
Die große burda Erfolgsdiät (ISBN 3-8094-0286-9)

Der Text dieses Buches entspricht den Regeln der neuen deutschen Rechtschreibung.

Verlag und Autorin danken den unten genannten Firmen für die freundliche Unterstützung.

ISBN 3 8094 0332 6

Umschlaggestaltung: Rincon² Design & Produktion GmbH, Köln
Titelbild: Agentur Premium/J. Sebag
Fotos: ADAM: Seiten 37, 43, 46, 133; **Blanchet:** Seiten 91, 99; **Butaris:** Seite 81; **CMA:** Seiten 49, 76, 77; **Deutscher Käse:** Seite 67; **Deutsches Teigwareninstitut:** Seite 113; **Du darfst:** Seiten 1, 2, 26, 32, 38/39, 41; **FIMA:** Seiten 36, 88/89, 94, 95; **Gesellschaft für Europ. Komm.:** Seiten 90, 100, 103; **Info Bananen:** Seiten 23, 27, 29, 53, 54, 55, 132; **Informations-Centrale Eiskrem (ICE):** Seiten 28, 44, 45, 66; **IPR & Co.:** Seite 92; **Kikkoman:** Seite 42; **Knorr:** Seiten 5, 20/21, 34, 59, 61, 62, 65, 69, 74/75, 79, 82–87, 93, 96, 97, 102, 104/105, 106, 111, 114–116, 118, 119, 121; **Peter Kölln, Köllnflockenwerke:** Seiten 22, 24, 25, 33, 40, 47, 51, 52, 60, 63, 64, 78, 108, 109, 112, 120, 130, 131, 136, 137; **Maizena:** Seiten 48, 58, 80, 98, 101, 117, 128, 129, 139, 141; **Milchwerk Geislingen:** Seite 107; **PM Milch:** Seiten 7–9; **Schwartauer Werke:** Seiten 31, 122/123–127, 140, **Sojaöl/Dr. Muth PR:** Seiten 56/57, 68, 71–73; **Surig/Essig-Essenz:** Seite 70; **TLC-Foto-Studio:** Seiten 11, 13, 15–19, 135, 138; **Ubena:** Seite 110.
Redaktion: Sylvia Winnewisser

Satz: Raasch & Partner GmbH, Neu-Isenburg
Gesamtkonzeption: Bassermann'sche Verlagsbuchhandlung, D-65527 Niedernhausen/Ts.

817 2635 4453 6271